essentials

essentials liefern aktuelles Wissen in konzentrierter Form. Die Essenz dessen, worauf es als „State-of-the-Art" in der gegenwärtigen Fachdiskussion oder in der Praxis ankommt. *essentials* informieren schnell, unkompliziert und verständlich

- als Einführung in ein aktuelles Thema aus Ihrem Fachgebiet
- als Einstieg in ein für Sie noch unbekanntes Themenfeld
- als Einblick, um zum Thema mitreden zu können

Die Bücher in elektronischer und gedruckter Form bringen das Expertenwissen von Springer-Fachautoren kompakt zur Darstellung. Sie sind besonders für die Nutzung als eBook auf Tablet-PCs, eBook-Readern und Smartphones geeignet. *essentials:* Wissensbausteine aus den Wirtschafts-, Sozial- und Geisteswissenschaften, aus Technik und Naturwissenschaften sowie aus Medizin, Psychologie und Gesundheitsberufen. Von renommierten Autoren aller Springer-Verlagsmarken.

Weitere Bände in der Reihe http://www.springer.com/series/13088

Daniel R. A. Schallmo

Erfolgreiches Business Model Development für Gründungen

Idee, Konzept, Geschäftsmodell, Pitch und Roadmap mit Tools

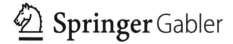 Springer Gabler

Daniel R. A. Schallmo
Institut für Entrepreneurship und Institut für
Digital Transformation
Hochschule Neu-Ulm, Neu-Ulm, Deutschland

ISSN 2197-6708   ISSN 2197-6716 (electronic)
essentials
ISBN 978-3-658-32139-0   ISBN 978-3-658-32140-6 (eBook)
https://doi.org/10.1007/978-3-658-32140-6

Die Deutsche Nationalbibliothek verzeichnet diese Publikation in der Deutschen Nationalbiblio-
grafie; detaillierte bibliografische Daten sind im Internet über http://dnb.d-nb.de abrufbar.

Planung/Lektorat: Carina Reibold
Springer Gabler ist ein Imprint der eingetragenen Gesellschaft Springer Fachmedien Wiesbaden
GmbH und ist ein Teil von Springer Nature.
Die Anschrift der Gesellschaft ist: Abraham-Lincoln-Str. 46, 65189 Wiesbaden, Germany

Was Sie in diesem *essential* finden können

- Eine kompakte und praxiserprobte Hilfestellung für erfolgreiches Business Model Development
- Ausgewählte Instrumente im Kontext von Business Model Development
- Eine Roadmap für Business Model Development mit Templates
- Sechs Phasen, die jeweils mit Zielen, Fragen, Aktivitäten und Instrumenten erläutert sind.

Vorwort

Aussagen wie: „Gründen liegt im Trend" oder „es ist hip, ein eigenes Unternehmen zur gründen, an einer Gründung mitzuarbeiten oder in einem Startup zu arbeiten" gehören zur landläufigen Meinung. Die Realität und Zahlen belegen allerdings ein anderes Bild. So zeigt der KfW-Gründungsmonitor auf, dass die Gründerquote, also der Anteil der Existenzgründer an der Erwerbsbevölkerung zwischen 18 und 64 Jahren seit dem Jahr 2002, bis auf wenige Ausnahmen stetig gesunken ist. Lag die Quote im Jahr 2002 bei 2,76 %, so lag sie 2019 bei 1,17 %. Ein Grund für die die geringere Anzahl an Gründungen war die gute Binnenkonjunktur und der damit einhergehende stabile Arbeitsmarkt. Die Binnenkonjunktur und der Arbeitsmarkt sind aktuell allerdings durch Covid19 gefährdet, was gleichzeitig eine Verschiebung von Gründungsvorhaben hervorruft. Krisenbedingt sind allerdings mehr Notgründungen (z. B. aus der Arbeitslosigkeit heraus) zu erwarten (KfW 2020, S. 1).

Eine von drei Gründungen wird innerhalb der ersten drei Jahre abgebrochen. Neben persönlichen Gründen (32 %) liegt die Unwirtschaftlichkeit (25 %) an zweiter Stelle für die Ursache des Abbruchs (KfW 2020, S. 8). Die Wirtschaftlichkeit von Unternehmen wird maßgeblich durch ein stimmiges Geschäftsmodell beeinflusst.

Gründer sind daher wie Unternehmen gezwungen, sich gegenüber ihren Wettbewerbern zu differenzieren, da häufig eine Homogenität und Transparenz von Produkten und Dienstleistungen zu verzeichnen ist. Daneben führen stagnierende bzw. schrumpfende Märkte und eine zunehmende Wettbewerbsintensität zu einem steigenden Preisdruck. Häufig eingesetzte Differenzierungsmöglichkeiten sind die Produkt-, Dienstleistungs- und Prozess-Innovation, die allerdings in vielen Fällen schnell nachgeahmt werden können. Es ist stattdessen sinnvoll, an der Entwicklung des eigenen Geschäftsmodells zu arbeiten.

Ein Geschäftsmodell orientiert sich an Kundenbedürfnissen, kombiniert unterschiedliche Elemente eines Unternehmens und stiftet somit einen Kundennutzen. Da innovative Geschäftsmodelle meist komplex sind (z. B. aufgrund einer Service-Infrastruktur) und eine starke Kundenbindung ermöglichen (z. B. mittels der Kopplung an ein System); zudem ermöglichen innovative Geschäftsmodelle eine bessere Differenzierung gegenüber Wettbewerbern.

Das vorliegende *essential* bietet Gründerinnen und Gründern eine kompakte und praxiserprobte Hilfestellung für die erfolgreiche Entwicklung des eigenen Geschäftsmodells. Das essential enthält eine Roadmap, die aus sechs Phasen besteht. Die Phasen sind: 1) Geschäftsmodell-Ideen-Gewinnung, 2) Geschäftsmodell-Visions-Entwicklung, 3) Geschäftsmodell-Best-Practices, 4) Geschäftsmodell-Prototyp-Entwicklung, 5) Geschäftsmodell-Entwicklung und 6) Geschäftsmodell-Pitch-Entwicklung. Je Phase werden die Zielsetzung, Fragen, Aktivitäten und Instrumente vorgestellt.

Die Leserinnen und Leser des *essentials* werden in die Lage versetzt, die Roadmap für Business Model Development zu verstehen und anzuwenden. Die vorgestellten Instrumente müssen dabei nicht vollständig eingesetzt werden; vielmehr sollen die Instrumente in der Form eingesetzt werden, um individuelle Anforderungen zu erfüllen. Mein besonderer Dank gilt Daniel Hasler vom Institut für Digitale Transformation an der Hochschule Neu-Ulm, der auf den letzten Schritten des *essentials* tatkräftig unterstützt hat.

Ich wünsche allen Leserinnen und Lesern viel Freude und viel Erfolg im Rahmen der Entwicklung innovativer Geschäftsmodelle.

Ulm   Daniel R. A. Schallmo

Inhaltsverzeichnis

Über den Autor

Prof. Dr. Daniel R. A. Schallmo
Hochschule Neu-Ulm – Institut für Entrepreneurship und Institut für Digitale Transformation
daniel.schallmo@hnu.de

Dr. Daniel R. A. Schallmo ist Ökonom, Unternehmensberater und Autor zahlreicher Publikationen. Er ist Professor für Digitale Transformation und Entrepreneurship an der Hochschule Neu-Ulm, Leiter des Instituts für Entrepreneurship und Mitglied am Institut für Digitale Transformation. Zuvor war er Professor an der Hochschule Ulm.

Seine Arbeits- und Forschungsschwerpunkte stehen im Kontext der Digitalisierung: die Messung des Digitalen Reifegrads, die Entwicklung von Digitalstrategien, die Digitale Transformation von Geschäftsmodellen und die Implementierung digitaler Initiativen. Dazu gehören z. B. die Führung im digitalen Zeitalter, Technologien und die Gestaltung von Organisationen.

Daniel Schallmo verfügt über mehrere Jahre Praxiserfahrung, die er in Unternehmen der verarbeitenden Industrie, des Handels, der Medien, der Unternehmensberatung und des Bauwesens gewonnen hat. Er ist sowohl in der Managementausbildung als auch in Bachelor- und Masterstudiengängen für die Themengebiete Design Thinking, Strategie-,

Geschäftsmodell-, Prozess- und Innovationsmanagement sowie Digitale Transformation als Dozent tätig und war Gastprofessor an der Deutschen Universität in Kairo, Ägypten. Seine Methoden, insbesondere die Innovation von Geschäftsmodellen, wurden bereits über 200-mal über 10.000 Teilnehmerinnen und Teilnehmern nahegebracht; dazu zählen auch Konferenzteilnahmen und Vorträge (>100).

Daniel Schallmo ist Herausgeber der Springer-Fachbuchreihe mit dem Schwerpunkt „Business Model Innovation" und des Open Journal of Business Model Innovation (OJBMI). Er ist Autor zahlreicher Publikationen (Bücher und Artikel; insg. >50) und Mitglied in Forschungsgesellschaften (u. a. Academy of Marketing Science, American Marketing Association, European Marketing Academy). Zudem ist er für wissenschaftliche Zeitschriften bzw. Forschungsgesellschaften als Gutachter tätig (z. B. Journal of Strategic Marketing, Business Process Management Journal, European Academy of Management, European Marketing Academy). Er ist Mitglied des wissenschaftlichen Beirats der International Society for Professional Innovation Management (ISPIM) und Mitglied des Herausgeberrats des Journal of Investment and Management (JIM).

Einleitung 1

Gründer sind wie Unternehmen gezwungen, sich gegenüber ihren Wettbewerbern zu differenzieren, da häufig eine Homogenität und Transparenz von Produkten und Dienstleistungen zu verzeichnen ist. Daneben führen stagnierende bzw. schrumpfende Märkte und eine zunehmende Wettbewerbsintensität zu einem steigenden Preisdruck. Häufig eingesetzte Differenzierungsmöglichkeiten sind die Produkt-, Dienstleistungs- und Prozess-Innovation, die allerdings in vielen Fällen schnell nachgeahmt werden können. Es ist stattdessen sinnvoll, an der Entwicklung des eigenen Geschäftsmodells zu arbeiten. Doch wie kann ein stimmiges Geschäftsmodell entwickelt werden?

Die Zielsetzung des vorliegenden *essentials* besteht darin, den Leserinnen und Lesern eine kompakte und praxiserprobte Hilfestellung für die erfolgreiche Entwicklung des eigenen Geschäftsmodells zu bieten. Das *essential* enthält eine Roadmap, die aus sechs Phasen besteht. Die Phasen sind: 1) Geschäftsmodell-Ideen-Gewinnung, 2) Geschäftsmodell-Visions-Entwicklung, 3) Geschäftsmodell-Best-Practices, 4) Geschäftsmodell-Prototyp-Entwicklung, 5) Geschäftsmodell-Entwicklung und 6) Geschäftsmodell-Pitch-Entwicklung. Je Phase werden die Zielsetzung, Fragen, Aktivitäten und Instrumente vorgestellt.

© Der/die Autor(en), exklusiv lizenziert durch Springer Fachmedien Wiesbaden GmbH, ein Teil von Springer Nature 2020
R. A. D. Schallmo, *Erfolgreiches Business Model Development für Gründungen*, essentials, https://doi.org/10.1007/978-3-658-32140-6_1

Roadmap für Business Model Development

2

In diesem Kapitel erfolgt die überblicksartige Darstellung der sechs Phasen für Business Model Development. Zu den Phasen gehören: 1) Geschäftsmodell-Ideen-Gewinnung, 2) Geschäftsmodell-Visions-Entwicklung, 3) Geschäftsmodell-Best-Practices, 4) Geschäftsmodell-Prototyp-Entwicklung, 5) Geschäftsmodell-Entwicklung und 6. Geschäftsmodell-Pitch-Entwicklung. Anschließend wird die Roadmap für Business Model Development aufgezeigt.

2.1 Phasen des Vorgehensmodells

Die Phasen des Vorgehensmodells bauen aufeinander auf und sind in Abb. 2.1 dargestellt und werden nachfolgend kurz erläutert.

Geschäftsmodell-Ideen-Gewinnung In dieser Phase erfolgt mit Hilfe von Kreativitätstechniken die Ableitung von Ideen für neue und innovative Geschäftsmodelle, ohne sich an bestehenden Denkrastern oder bestehenden Geschäftsmodellen zu orientieren. Dies ermöglicht die Ableitung von Ideen für die disruptive Geschäftsmodell-Innovation. Die gewonnenen Ideen werden im Anschluss anhand eines Rasters bewertet und anhand eines Geschäftsmodell-Ideen-Steckbriefs beschrieben.

Geschäftsmodell-Visions-Entwicklung Auf Basis der gewonnenen Geschäftsmodell-Ideen und der Integration von Kundenbedürfnissen, von Technologie-Trends und von generellen Trends (Makro- und Mikro-Umwelt) findet die Entwicklung einer Geschäftsmodell-Vision statt. Dies ermöglicht es, Kunden zu integrieren und zukünftige Entwicklungen sowie Technologien zu

© Der/die Autor(en), exklusiv lizenziert durch Springer Fachmedien Wiesbaden GmbH, ein Teil von Springer Nature 2020
R. A. D. Schallmo, *Erfolgreiches Business Model Development für Gründungen*, essentials, https://doi.org/10.1007/978-3-658-32140-6_2

Abb. 2.1 Phasen des Vorgehensmodells für Business Model Development

berücksichtigen. Eine Geschäftsmodell-Vision sagt aus, welche Eckpfeiler das ideale Geschäftsmodell in einer Industrie in den nächsten drei bis fünf Jahren charakterisieren.

Geschäftsmodell-Best-Practices Um Ideen für die Ausgestaltung einzelner Geschäftsmodell-Elemente zu gewinnen, werden Best Practices aus der eigenen und aus fremden Branchen erhoben und analysiert. Zusätzlich werden generische Geschäftsmodelle analysiert. Auf dieser Basis werden Ideen für das eigene Geschäftsmodell abgeleitet.

Geschäftsmodell-Prototyp-Entwicklung Die Geschäftsmodell-Vision dient als Ausgangspunkt für die Beschreibung des Geschäftsmodell-Prototyps, in dessen Ausgestaltung ebenfalls die relevanten Aspekte der Industrie einfließen. Der Geschäftsmodell-Prototyp charakterisiert das Geschäftsmodell anhand eines Geschäftsmodell-Rasters (mit den Dimensionen und Elementen).

Geschäftsmodell-Entwicklung Der Geschäftsmodell-Prototyp wird im Rahmen der Geschäftsmodell-Entwicklung konkretisiert. Hierbei werden die jeweiligen Geschäftsmodell-Dimensionen und -Elemente detailliert dargestellt. Dafür werden Techniken und Templates eingesetzt.

Geschäftsmodell-Pitch-Entwicklung Um das geplante Geschäftsmodell erfolgreich zu kommunizieren, werden die bisherigen Ergebnisse in die Entwicklung eines Geschäftsmodell-Pitchs integriert. Der Pitch beinhaltet die Zielgruppe, den Haken, das Problem und den konkreten Vorteil für Kunden und Nutzer.

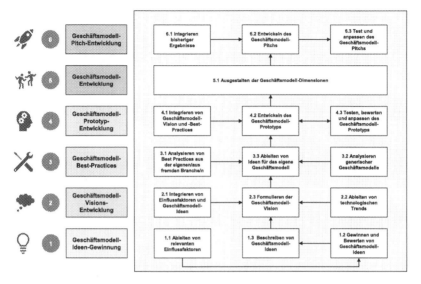

Abb. 2.2 Roadmap für Business Model Development

2.2 Überblick über die Roadmap

In Abb. 2.2 ist die Roadmap für Business Model Development mit den einzelnen Phasen und Schritten dargestellt.

„Geschäftsmodell-Ideen-Gewinnung": Geeignete Ideen ableiten

In diesem Kapitel erfolgt die Erläuterung, wie auf Basis von unterschiedlichen Quellen Ideen für neue und innovative Geschäftsmodelle abgeleitet werden können. Die gewonnenen Ideen werden im Anschluss anhand eines Rasters bewertet und anhand eines Geschäftsmodell-Ideen-Steckbriefs beschrieben.

3.1 Zielsetzung und Fragen

Das Ziel innerhalb dieser Phase ist die Gewinnung von Ideen für innovative Geschäftsmodelle. Hierfür werden auf Basis unterschiedlicher Quellen Geschäftsmodell-Ideen abgeleitet, geclustert, bewertet und einheitlich beschrieben.

Die Phase „Geschäftsmodell-Ideen-Gewinnung" beantwortet folgende Fragen:

- Welche Quellen liegen vor, um Geschäftsmodell-Ideen abzuleiten?
- Wie können die Geschäftsmodell-Ideen geclustert und einheitlich bewertet werden?
- Wie können die gewonnenen Geschäftsmodell-Ideen einheitlich beschrieben werden?

3.2 Aktivitäten und Instrumente

Innerhalb der Aktivitäten werden Instrumente eingesetzt, die dazu dienen, notwendige Ergebnisse zu erarbeiten.

© Der/die Autor(en), exklusiv lizenziert durch Springer Fachmedien Wiesbaden GmbH, ein Teil von Springer Nature 2020
R. A. D. Schallmo, *Erfolgreiches Business Model Development für Gründungen*, essentials, https://doi.org/10.1007/978-3-658-32140-6_3

3.2.1   Ableiten von relevanten Einflussfaktoren

Als Quellen für die Gewinnung von Geschäftsmodell-Ideen dienen die Analyse von Trends und Einflussfaktoren aus der Makro- und Mikro-Umwelt.

Makro-Umwelt Die Einflussfaktoren der Makro-Umwelt beinhalten die sechs Dimensionen nach dem PESTEL-Modell und sind allgemeingültig (Meffert et al. 2012, S. 45; Schallmo und Brecht 2010, S. 11 f.; Oxford College of Marketing 2016). PESTEL steht hierbei für (Worthington und Britton 2009, S. 7–9):

- Political: politische Einflussfaktoren
- Economical: wirtschaftliche Einflussfaktoren
- Social: sozio-kulturelle Einflussfaktoren
- Technological: technologische Einflussfaktoren
- Ecological: umweltbezogene Einflussfaktoren
- Legal: rechtliche Einflussfaktoren.

Die Abb. 3.1 zeigt die Einflussfaktoren nach PESTEL, die für die Makro-Umwelt von Geschäftsmodellen relevant sind, und enthält für jede Dimension Beispiele. Konkrete Quellen für die Erhebung von Einflussfaktoren der Makro-Umwelt sind z. B. Z-Punkt.de (Z-Punkt 2020), Zukunftsinstitut.de (Zukunftsinstitut 2020), Trendone.com (Trendone 2020) oder Zukunftsstark.org (Zukunftsstark 2020).

Mikro-Umwelt Analog zur Makro-Umwelt spielt die Mikro-Umwelt von Geschäftsmodellen eine wichtige Rolle, um die Industrie, in der sich das

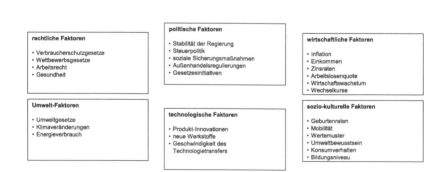

Abb. 3.1 Makro-Umwelt von Geschäftsmodellen mit Beispielen

Geschäftsmodell befindet, zu verstehen. Hierzu wird die Branchenstrukturanalyse von Porter herangezogen, die folgende Dimensionen berücksichtigt (Porter 1980, S. 4):

- Bedrohung durch potenzielle Neueintritte
- Bedrohung durch Rivalität unter Wettbewerbern
- Bedrohung durch Substitutionsprodukte und -dienstleistungen
- Verhandlungsmacht von Abnehmern
- Verhandlungsmacht von Lieferanten.

Die Abb. 3.2 zeigt die Branchenstrukturanalyse, die für die Mikro-Umwelt von Geschäftsmodellen relevant ist.

Konkrete Quellen für die Erhebung von Einflussfaktoren sind Informationen von Industrieverbänden oder Analysen von Banken.

Weitere Quellen Zusätzlich können Experten der jeweiligen Industrie und potenzielle Kunden befragt werden. Ferner können auch Web-Plattformen und Innovationsberatungen genutzt werden. Ein Beispiel für eine Web-Plattform ist das Unternehmen Hypios, das z. B. Lösungssuchende mit Lösungsanbietern verknüpft. Ein Beispiel für eine Innovationsberatung ist das Unternehmen Ideo, das auf die Gewinnung und Umsetzung neuer Ideen spezialisiert ist (Ideo 2020).

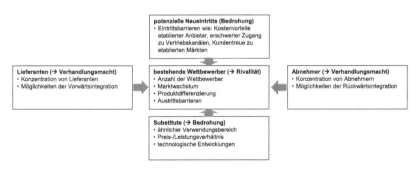

Abb. 3.2 Mikro-Umwelt von Geschäftsmodellen mit Beispielen. (In Anlehnung an Porter 1980, S. 4; Homburg 2000, S. 117)

3.2.2   Gewinnen und Bewerten von Geschäftsmodell-Ideen

Gewinnen von Geschäftsmodell-Ideen   Auf Basis der abgeleiteten Einflussfaktoren werden nun Geschäftsmodell-Ideen gewonnen und bewertet. Hierfür werden Kreativitätstechniken eingesetzt (Bucherer 2011, S. 89–91; Osterwalder und Pigneur 2010, S. 135 f.; Wirtz 2010, S. 207–210). Neben bekannten Kreativitätstechniken, wie z. B. dem Brainstorming und dem Brainwriting (siehe Steiner 2007, 300–313; Vahs und Burmester 2005, S. 168 f.; Stummer et al. 2008, S. 58), erfolgt auch der Einsatz eines kollektiven Notizbuchs und der Galerie-Methode.

Als Ergebnis liegt ein Geschäftsmodell-Ideen-Pool vor, der alle gewonnenen Geschäftsmodell-Ideen enthält. Die Geschäftsmodell-Ideen beziehen sich dabei insbesondere komplette Geschäftsmodelle; doppelte bzw. ähnliche Ideen werden geclustert. Es ist sinnvoll, ca. 40–50 Geschäftsmodell-Ideen abzuleiten.

Bewerten von Geschäftsmodell-Ideen   Die abgeleiteten und geclusterten Geschäftsmodell-Ideen werden nun anhand einheitlicher Kriterien bewertet. Dies kann mittels eines Scoring-Modells erfolgen. Das Scoring-Modell ermöglicht es, Zielvorstellungen mit Hilfe von Messkriterien zu operationalisieren, indem eine direkte Zuordnung zwischen dem Ziel und dem Messkriterium erfolgt (Gelbmann und Vorbach 2007, S. 200 f.). Folgende Schritte werden für das Scoring-Modell festgelegt (in Anlehnung an Gelbmann und Vorbach 2007, S. 203; Dehr 1997, S. 128 f.):

- Festlegung von Bewertungskriterien: Hierbei erfolgt die Festlegung von Kriterien (überschneidungsfrei und vollständig), anhand derer Geschäftsmodell-Ideen bewertet werden.
- Gewichtung der Bewertungskriterien: Sind die Bewertungskriterien nicht gleich gewichtet, so wird jeweils eine Priorisierung vorgenommen. Dies erfolgt entweder mit absoluten Werten (z. B. 1–5) oder in Prozent (Summe = 100 %).
- Bewertung der Geschäftsmodell-Ideen: Anhand der festgelegten Kriterien erfolgt die Bewertung der Geschäftsmodell-Ideen.
- Berechnung der Punktwerte: Für jedes Kriterium erfolgt die Berechnung der gewichteten Punktwerte.
- Aggregation der Punktwerte: Die gewichteten Punktwerte werden je Kriterium und Geschäftsmodell-Idee zu einer Gesamtpunktzahl aggregiert.

Folgende Bewertungskriterien können für Geschäftsmodell-Ideen herangezogen werden (in Anlehnung an: Dehr 1997, S. 129; Herrmann und Huber 2008, S. 161;

Wentz 2008, S. 95 f.; Gruber 2005, S. 104; Landwehr 2005, S. 138 f. und S. 167; Deinlein 2003, S. 36):

- Akzeptanz der Geschäftsmodell-Idee am Markt
- Gewinnung neuer Kunden mit der Geschäftsmodell-Idee
- Nutzenbeitrag für Kunden mit der Geschäftsmodell-Idee
- Zahlungsbereitschaft von Kunden für die Geschäftsmodell-Idee
- Bindung von Kunden mit der Geschäftsmodell-Idee
- Umsatzvolumen p.a. der Geschäftsmodell-Idee
- Lebensdauer der Geschäftsmodell-Idee am Markt
- Bedarf an Mitarbeitern für die Umsetzung der Geschäftsmodell-Idee
- Bedarf an Kapital für die Umsetzung der Geschäftsmodell-Idee
- Bedarf an Know-how für die Umsetzung der Geschäftsmodell-Idee
- Realisierungsdauer der Geschäftsmodell-Idee.

Um die Bewertungskriterien zu operationalisieren, werden diese verbal bzw. mittels Zahlenwerten beschrieben.

Alternativ können die Geschäftsmodell-Ideen anhand einer einfachen Punkteabfrage bewertet werden. Die Geschäftsmodell-Ideen werden in einem Geschäftsmodell-Ideen-Pool zusammengefasst. Der Geschäftsmodell-Ideen-Pool dient dazu, alle gewonnenen Ideen darzustellen und sicherzustellen, dass diese Ideen zu einem späteren Zeitpunkt (z. B. bei der Geschäftsmodell-Entwicklung) verfügbar sind.

Template für den Geschäftsmodell-Ideen-Pool Für die Gewinnung, die Clusterung und die Bewertung von Geschäftsmodell-Ideen liegt ein Template vor, das in Abb. 3.3 aufgezeigt ist.

3.2.3 Beschreiben von Geschäftsmodell-Ideen

Ausgewählte Geschäftsmodell-Ideen werden nun anhand eines einheitlichen Rasters beschrieben, um sie zu konkretisieren und untereinander vergleichen zu können. Wir bezeichnen das Raster als Geschäftsmodell-Ideen-Steckbrief. Folgende Kriterien dienen zur Erstellung eines Geschäftsmodell-Ideen-Steckbriefs (in Anlehnung an Vahs und Burmester 2005, S. 181 f.):

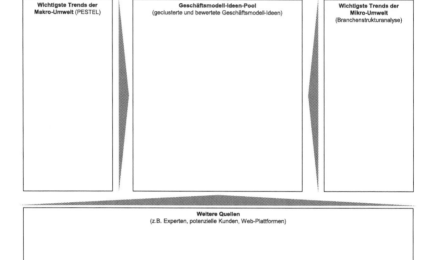

Abb. 3.3 Geschäftsmodell-Ideen-Pool

- Titel der Geschäftsmodell-Idee
- Anwendungsbereich der Geschäftsmodell-Idee
- Art und Umfang des Nutzens der Geschäftsmodell-Idee für die pot. Kunden
- Art und Umfang des Nutzens (z. B. Imagezuwachs, pot. Umsätze) der Geschäftsmodell-Idee für das Unternehmen
- Partner zur Realisierung der Geschäftsmodell-Idee
- Differenzierungsmöglichkeit   gegenüber   Wettbewerbern   mit   der Geschäftsmodell-Idee
- Restriktionen der Geschäftsmodell-Idee am Markt
- Restriktionen der Geschäftsmodell-Idee im Unternehmen
- Abhängigkeiten der Geschäftsmodell-Idee von anderen Geschäftsmodell-Ideen
- Dauer der Realisierung der Geschäftsmodell-Idee
- Höhe der Realisierungskosten der Geschäftsmodell-Idee.

Eine verkürzte Form für einen Geschäftsmodell-Ideen-Steckbrief beinhaltet vier Kriterien (in Anlehnung an: Denning 2018, S. 145):

Titel der Geschäftsmodell-Idee:	
Bedürfnis Kernfrage: Welche Nutzer fordern die Idee? Welche unbefriedigten Bedürfnisse erfüllt die Idee?	**Lösung** Kernfrage: Wie erzeugt die Idee einen Nutzen? Wie wird das Unternehmen einen Wettbewerbsvorteil mit der Idee erzeugen?
Nutzen Kernfrage: Welchen Nutzen wird der User erhalten? Welche anderen Beteiligten werden einen Nutzen erhalten?	**Wettbewerb** Kernfrage: Welche Unternehmen befriedigen derzeit das Bedürfnis? Wie werden diese Unternehmen auf die Idee reagieren?

Abb. 3.4 Geschäftsmodell-Ideen-Steckbrief

- Bedürfnis: Kernfrage: Welche Nutzer fordern die Idee? Welche unbefriedigten Bedürfnisse erfüllt die Idee?
- Lösung: Kernfrage: Wie erzeugt die Idee einen Nutzen? Wie wird das Unternehmen einen Wettbewerbsvorteil mit der Idee erzeugen?
- Nutzen: Kernfrage: Welchen Nutzen wird der User erhalten? Welche anderen Beteiligten werden einen Nutzen erhalten?
- Wettbewerb: Kernfrage: Welche Unternehmen befriedigen derzeit das Bedürfnis? Wie werden diese Unternehmen auf die Idee reagieren?

Als Ergebnis liegen Geschäftsmodell-Ideen-Steckbriefe vor, die eine Vergleichbarkeit der Geschäftsmodell-Ideen sicherstellen.

Template für den Geschäftsmodell-Ideen-Steckbrief Das Template für die Beschreibung einer Geschäftsmodell-Idee ist in Abb. 3.4 dargestellt.

„Geschäftsmodell-Visions-Entwicklung": Langfristige Orientierung definieren

4

In diesem Kapitel erfolgt die Darstellung, wie die gewonnenen Geschäftsmodell-Ideen dazu genutzt werden können, um eine Geschäftsmodell-Vision zu entwickeln. Zusätzlich erfolgen die Integration von Kundenbedürfnissen, von Technologie-Trends und von generellen Trends (Makro- und Mikro-Umwelt). Somit werden Kundenanforderungen zu integriert und zukünftige Entwicklungen sowie Technologien berücksichtigt. Die Geschäftsmodell-Vision sagt aus, welche Eckpfeiler das ideale Geschäftsmodell in einer Industrie in den nächsten drei bis fünf Jahren charakterisieren.

4.1 Zielsetzung und Fragen

Das Ziel innerhalb dieser Phase ist es, eine zukunftsorientierte Ausrichtung des Geschäftsmodells sicherzustellen.

Die Phase „Geschäftsmodell-Visions-Entwicklung" beantwortet folgende Fragen:

- Welche relevanten Technologien liegen vor und wie können Technologien in das Geschäftsmodell integriert werden?
- Welche Kundenbedürfnisse liegen aktuell und zukünftig vor und wodurch ist die Existenz des Geschäftsmodells begründet?
- Weshalb sind potenzielle Kunden des Geschäftsmodells bereit, für die Leistungen, die innerhalb eines Leistungssystems angeboten werden, zu bezahlen?
- Welche Zukunftstrends sind für die Geschäftsmodell-Vision relevant?
- Wie ist das ideale Geschäftsmodell innerhalb der Industrie für die nächsten drei bis fünf Jahre charakterisiert?

© Der/die Autor(en), exklusiv lizenziert durch Springer Fachmedien
Wiesbaden GmbH, ein Teil von Springer Nature 2020
R. A. D. Schallmo, *Erfolgreiches Business Model Development für Gründungen*,
essentials, https://doi.org/10.1007/978-3-658-32140-6_4

- Liegen für das Geschäftsmodell Wettbewerber vor? Wenn ja, was dient zur Differenzierung (z. B. mittels der Stiftung eines neuartigen Nutzens) gegenüber den Wettbewerbern bzw. wie findet eine Absicherung des Geschäftsmodells gegenüber Nachahmern statt?

4.2   Aktivitäten und Instrumente

4.2.1   Integrieren von Einflussfaktoren und Geschäftsmodell-Ideen

Aufbauend auf der bisherigen Analyse der Einflussfaktoren der Makro- und Mikro-Umwelt werden nochmals Kundenanforderungen und Zukunftstrends abgeleitet. Die Ableitung von Kundenanforderungen wird in dem Kundenmonitor und die Ableitung der Zukunftstrends wird in dem Zukunftsmonitor abgebildet.

Kunden-Monitor Der Kunden-Monitor soll aktuelle bzw. zukünftige Herausforderungen und Bedürfnisse potenzieller Kunden erheben bzw. prognostizieren; diese Bedürfnisse dienen dann als Basis für die Formulierung der Geschäftsmodell-Vision. Der Kunden-Monitor orientiert sich an einer Industrie und betrachtet die Mikro- und Makro-Umwelt aus Kundensicht.

Zukunfts-Monitor Der Zukunfts-Monitor beinhaltet die Analyse der Makro- und Mirko-Umwelt und Einflussfaktoren aus Unternehmenssicht (Bucherer 2011, S. 77 und S. 85 f.), um Trends, also langfristige Veränderungstendenzen, abzuleiten und das Geschäftsmodell daran auszurichten. Selbstverständlich können hierbei auch Szenarien erstellt werden; auf eine Erläuterung der Szenariotechnik wird an dieser Stelle allerdings verzichtet, da die erhobenen Einflussfaktoren und die abgeleiteten Trends für die Erstellung der Geschäftsmodell-Visionen besser geeignet sind.[1] Dies liegt daran, dass Geschäftsmodell-Visionen auf Basis einzelner Trends und nicht für Szenarien entwickelt werden.

Zusätzlich werden die bisher abgeleiteten Geschäftsmodell-Ideen in die Formulierung der Geschäftsmodell-Vision integriert.

---

[1] Weitere Informationen zur Entwicklung von Szenarien finden sich z. B. in: Wilms (2006); Dönitz (2009); Gausemeier et al. (2009).

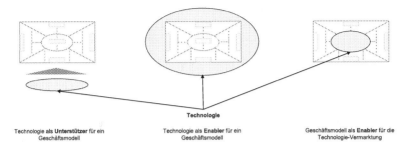

Technologie

Technologie als **Unterstützer** für ein Geschäftsmodell

Technologie als **Enabler** für ein Geschäftsmodell

Geschäftsmodell als **Enabler** für die Technologie-Vermarktung

Abb. 4.1 Rollen von Technologien in Geschäftsmodellen (Schallmo 2013, S. 171)

4.2.2 Ableiten von technologischen Trends

Die Ableitung von technologischen Trends mündet in einen Technologie-Monitor. Der Technologie-Monitor erhebt Technologien, die innerhalb von Geschäftsmodell-Elementen eingesetzt bzw. mittels eines Geschäftsmodells vermarktet werden können.

Durchführen eines Technologie-Screenings Ein Technologie-Screening dient dazu, neue Technologien frühzeitig zu erkennen und somit schnell auf die Entwicklungen in Bezug auf Technologien reagieren zu können (Stummer et al. 2008, S. 35).[2] Innerhalb von Geschäftsmodellen spielen Technologien auf drei Arten eine Rolle (siehe Abb. 4.1).

Rollen von Technologien Diese Rollen von Technologien in Geschäftsmodellen werden auf folgende Weise erläutert:

- Technologie als Unterstützer für ein Geschäftsmodell[3]: Innerhalb dieser Rolle werden Technologien in Geschäftsmodell-Elementen eingesetzt, um das Geschäftsmodell zu unterstützen. Eine Technologie wird z. B. in Kundenkanälen eingesetzt, um den Kontakt zu Endkunden zu ermöglichen; Unternehmen

---

[2]Stummer et al. (2008) sprechen hierbei von einer Technologieanalyse und zeigen Instrumente zur Visualisierung von Technologien und Instrumente zur Erkennung von Technologieveränderungen auf. Zu Instrumenten der Visualisierung gehören z. B. Technologiebäume und Technologie-Roadmaps und zur Erkennung dienen z. B. die Technologiefrüherkennung und Szenario-Techniken (siehe hierzu: Stummer et al. 2008, S. 36–39).

[3]Österle (1995, S. 73) erhebt Technologien, die zur Unterstützung von Prozessen dienen.

erreichen somit mittels einer Internetseite ihre Kunden. Eine Technologie kann z. B. auch in Prozessen eingesetzt werden; diese Prozesse werden somit effizienter gestaltet. Das Geschäftsmodell car2go erhält z. B. über die Fernwartung die Fehlermeldungen und die Tankfüllstände der PKW.

- Technologie als Enabler für ein Geschäftsmodell: Innerhalb dieser Rolle ist das Geschäftsmodell ohne die jeweilige Technologie nicht umsetzbar. Technologien, wie z. B. RFID zur Öffnung des PKW bei car2go und die Web-Technologie zur Vermarktung von Produkten (Amazon, eBay), ermöglichen somit die Umsetzung eines Geschäftsmodells.[4]
- Geschäftsmodell als Enabler für die Technologie-Vermarktung[5]: Innerhalb dieser Rolle werden Technologien, die im Unternehmen vorliegen bzw. verfügbar sind, mittels eines Geschäftsmodells vermarktet. Ein Beispiel dafür ist die Batterietechnologie für PKW, die aufgrund ihres hohen Preises schwer zu vermarkten ist. Renault hat z. B. zur Vermarktung der Batterietechnologie ein Geschäftsmodell erstellt, welches das Mieten von Batterien und den Austausch von diesen ermöglicht (Renault 2020; Schallmo und Brecht 2011, S. 7).

Die Rollen der Technologien können jeweils eine unterschiedliche Relevanz haben. Damit ist gemeint, dass z. B. die Web-Technologie für Internet-Geschäftsmodelle ein wesentlicher Bestandteil ist, ohne den diese Geschäftsmodelle nicht existieren würden. Für einen stationären Einzelhändler hingegen spielt Web-Technologie eine eher untergeordnete Rolle, da dieser seine Kunden persönlich bedient.

Quellen für das Technologie-Screening Für das Technologie-Screening können Quellen eingesetzt werden, die folgendermaßen mit Beispielen beschrieben sind:

- Patentdatenbanken: Das Deutsche Patent- und Markenamt mit Sitz in München verfügt z. B. über ein DPMA-Register, das Publikationen und Register mit Patenten, Marken und Mustern enthält; zusätzlich liegt ein elektronisches Patentdokumentenarchiv vor (DPMA 2020). Die Patentdaten können dazu genutzt werden, um sog. White-Spot-Analysen durchzuführen, die Problem-Lösungs-Kombinationen erstellen und Potenziale (sog. White-Spots) für Unternehmen aufzeigen (Fraunhofer 2020b).

---

[4]Unter *Enabler* ist in diesem Zusammenhang *Befähiger* zu verstehen.
[5]Chesbrough und Rosenbloom (2002, S. 529) sehen Geschäftsmodelle als Möglichkeit der Vermarktung von Technologien.

- Marktforschungsunternehmen: Forrester und Gartner sind zwei Marktforschungsunternehmen, die sich auf Analysen im Technologiebereich spezialisiert haben (Forrester 2020; Gartner 2020).
- Forschungsberichte von Unternehmen: Die Siemens AG erstellt zweimal jährlich die sogenannten Pictures of the Future, die wesentliche Technologietrends und Zukunftsszenarien enthalten (Siemens 2020; Stummer et al. 2008, S. 40).
- Forschungsberichte von Universitäten und Instituten: Das MIT veröffentlicht jedes Jahr in der technology review zehn sog. Emerging Technologies, die zukünftig einen hohen Einfluss auf Märkte haben werden (MIT 2020). Daneben erstellt das Fraunhofer IAO regelmäßig Publikationen zu neuen Technologien (Fraunhofer 2020a).
- Forschungsberichte von Ministerien: Das Bundesministerium für Wirtschaft und Technologie bietet z. B. Informationen zu Schlüsseltechnologien an (BMWi 2020).

Als Ergebnis liegt ein Technologie-Pool vor, der alle erhobenen Technologien enthält. Somit liegt ein Überblick zu Technologien vor, die in einem Geschäftsmodell eingesetzt bzw. die mittels eines Geschäftsmodells vermarktet werden können. Diese Technologien werden im nächsten Schritt einheitlich beschrieben.

Neben den aufgezeigten Quellen können zusätzlich wissenschaftliche Publikationen mittels einer Software analysiert und die Ergebnisse visualisiert werden. Das Austrian Institute of Technology hat hierfür die Software BibTechMon entwickelt, die es ermöglicht, Forschungsfronten zu ausgewählten Themen zu erkennen und diese zu visualisieren (AIT 2020). Somit können Technologietrends frühzeitig erkannt und die Potenziale für das eigene Geschäftsmodell abgeleitet werden.

Beschreiben von Technologien Um die erhobenen Technologien einheitlich zu beschreiben und in eine Technologie-Landkarte einzuordnen, wird je Technologie anhand folgender Kriterien ein Technologie-Steckbrief erstellt (in Anlehnung an Gerybadze 2004, S. 129; Gerpott 2005, S. 115 f.):

- Name der Technologie
- Kurzbeschreibung der Technologie
- Beitrag der Technologie zum Kundennutzen
- Beitrag der Technologie zur Erfüllung der gesetzlichen Anforderungen
- Technologietyp (Zukunfts-, Schrittmacher-, Schlüssel-, Basistechnologie)
- Differenzierungsmöglichkeit mit der Technologie gegenüber dem Wettbewerb
- mögliche Anwendungen, in die die Technologie einfließt

- Geschäftsmodell-Elemente (z. B. Kundenkanäle, Prozesse, Leistungen), die durch die Technologie unterstützt werden bzw. in die die Technologie einfließt.

Als Ergebnis liegen beschriebene Technologien vor, die in einer Technologie-Landkarte integriert werden und als Input für die Entwicklung von Geschäftsmodell-Visionen dienen. Somit werden Potenziale, die die Technologie im Rahmen eines Geschäftsmodells bietet, identifizieren.

Erstellung einer Technologie-Landkarte Die Technologie-Landkarte stellt alle analysierten Technologien übersichtlich dar. Im Rahmen der Einordnung von Technologien eignet sich der Technologielebenszyklus, der auf Arthur D. Little zurückgeht und der sich im Rahmen der Betriebswirtschaftslehre und des Technologiemanagements als Standard etabliert hat (Gerybadze 2004, S. 130)[6]. Analog zum Produktlebenszyklus unterteilt sich der Technologielebenszyklus in die Phasen Entstehung, Wachstum, Reife und Alter (Gerpott 2005, S. 115 f.; Stummer et al. 2008, S. 33). Die bestehenden vier Phasen wurden um die Phase Forschung erweitert, da diese Phase Zukunfts- bzw. embryonische Technologien enthält (Stummer et al. 2008, S. 32; Gerybadze 2004, S. 88, 131).

Template für die Technologie-Landkarte Das Template für die Erarbeitung der Technologie-Landkarte ist in Abb. 4.2 dargestellt.

4.2.3 Formulieren der Geschäftsmodell-Vision

Die Geschäftsmodell-Vision sagt aus, was das Geschäftsmodell in den nächsten drei bis fünf Jahren auszeichnet und wie das ideale Geschäftsmodell innerhalb einer Industrie charakterisiert ist (Mitchel und Coles 2003, S. 43). Die Geschäftsmodell-Vision basiert auf einer ausgewählten Geschäftsmodell-Idee, auf den technologischen Trends, Kundenanforderungen und auf Zukunftstrends.

Die Geschäftsmodell-Vision wird anhand des folgenden Rasters detailliert beschrieben:

---

[6]Weitere Technologielebenszykluskonzepte finden sich in: Stummer et al. (2008, S. 30–35); Gerpott (2005, S. 117–119).

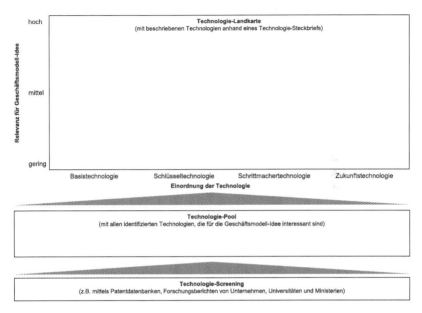

Abb. 4.2 Technologie-Landkarte

- Begründung: Die Begründung ist die Ausgangsbasis für die Existenz des Geschäftsmodells. Dabei erfolgt die Aufführung identifizierter und relevanter Einflussfaktoren, Herausforderungen und Bedürfnisse von Kunden.
- Zielsetzung/Schwerpunkt: Dieses Attribut enthält die Zielsetzung und den Schwerpunkt des Geschäftsmodells. Der Schwerpunkt beschreibt z. B. grob die Geschäftsmodell-Dimensionen und die eingesetzten Technologien.
- Kernfrage: Wie lautet die Hauptherausforderung, die wir lösen möchten?
- Nachhaltigkeit: Die Nachhaltigkeit enthält die Beschreibung der Lebensdauer und der Differenzierung des Geschäftsmodells gegenüber Wettbewerbern.

Im Rahmen der Entwicklung der Geschäftsmodell-Vision kann auch die Walt-Disney-Methode eingesetzt werden. Bei der Walt-Disney-Methode werden drei unterschiedliche Rollen (Träumer, Realist, Kritiker) eingenommen, um neue Ideen aus unterschiedlichen Perspektiven (=Rollen) zu betrachten und diese Ideen immer weiter zu konkretisieren (siehe hierzu: Brunner 2008, S. 304–317).

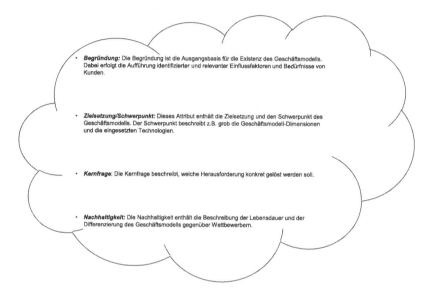

- **Begründung:** Die Begründung ist die Ausgangsbasis für die Existenz des Geschäftsmodells. Dabei erfolgt die Aufführung identifizierter und relevanter Einflussfaktoren und Bedürfnisse von Kunden.

- **Zielsetzung/Schwerpunkt:** Dieses Attribut enthält die Zielsetzung und den Schwerpunkt des Geschäftsmodells. Der Schwerpunkt beschreibt z.B. grob die Geschäftsmodell-Dimensionen und die eingesetzten Technologien.

- **Kernfrage:** Die Kernfrage beschreibt, welche Herausforderung konkret gelöst werden soll.

- **Nachhaltigkeit:** Die Nachhaltigkeit enthält die Beschreibung der Lebensdauer und der Differenzierung des Geschäftsmodells gegenüber Wettbewerbern.

Abb. 4.3 Geschäftsmodell-Vision

Template für die Geschäftsmodell-Vision Das Template für die Beschreibung einer Geschäftsmodell-Vision ist in Abb. 4.3 dargestellt.

„Geschäftsmodell-Best-Practices": Inspirationen gewinnen

5

In diesem Kapitel erfolgt die Erläuterung, wie Best Practices aus der eigenen und aus fremden Branchen erhoben und analysiert werden, um Ideen für die Ausgestaltung einzelner Geschäftsmodell-Elemente zu gewinnen. Zusätzlich erfolgt die Darstellung generischer Geschäftsmodelle, um ebenfalls Ideen für das eigene Geschäftsmodell abzuleiten.

5.1 Zielsetzung und Fragen

Das Ziel innerhalb dieser Phase ist das Gewinnen von Ideen für die Ausprägung des eigenen Geschäftsmodells.

Die Phase „Geschäftsmodell-Best-Practices beantwortet folgende Fragen:

- Welche Best Practices liegen innerhalb der eigenen und in fremden Branchen (z. B. amazon, McDonalds, Apple, Axoom) vor und welche Ideen lassen sich daraus für das eigene Geschäftsmodell ableiten?
- Welche generischen Geschäftsmodelle gibt es und welche Ideen lassen sich daraus für das eigene Geschäftsmodell ableiten?
- Wie können wir die Ideen nutzen, um ein disruptives Geschäftsmodell zu entwickeln?

5.2 Aktivitäten und Instrumente

Innerhalb der Aktivitäten werden Instrumente eingesetzt, die dazu dienen, notwendige Ergebnisse zu erarbeiten.

© Der/die Autor(en), exklusiv lizenziert durch Springer Fachmedien
Wiesbaden GmbH, ein Teil von Springer Nature 2020
R. A. D. Schallmo, *Erfolgreiches Business Model Development für Gründungen*,
essentials, https://doi.org/10.1007/978-3-658-32140-6_5

5.2.1 Analysieren von Best Practices

Die Analyse von Best Practices erfolgt für Geschäftsmodelle außerhalb und innerhalb der eigenen Industrie (Bucherer 2011, S. 77; Giesen et al. 2007, S. 32). Hierfür werden Geschäftsmodelle grob beschrieben und Ideen für das eigene Geschäftsmodell abgeleitet. Die Analyse von Best Practices geben z. B. Aufschluss darüber,

- welche Leistungen in einer Industrie angeboten werden
- welche Kundenkanäle typischerweise verwendet werden
- welche Umsatzmechanismen typischerweise eingesetzt werden
- welche Partner üblicherweise relevant sind.

Die Best Practices spielen auf zwei Arten eine Rolle:

- Ideen für das eigene Geschäftsmodell: Welche Best Practices liegen in der eigenen/fremden Industrie vor und welche Ideen lassen sich daraus für das eigene Geschäftsmodell ableiten?
- Radikale Veränderung der Industrie: Wie kann mit der Kenntnis zu bestehenden Best Practices ein neues Geschäftsmodell erstellt werden, das die Industrie radikal verändert?

Im Rahmen der radikalen Veränderung von Industrien erfolgt die Anwendung des Blue-Ocean-Strategy-Ansatzes von Kim und Mauborgne (2005, S. 18), der zum Ziel hat, in gesättigten Industrien neue Märkte aufzubauen und neue Nachfrager zu gewinnen. Osterwalder (2004, S. 52) und Davenport et al. (2006, S. 271) schlagen diesen Ansatz ebenfalls vor, um Leistungen für das Geschäftsmodell zu definieren.

Dabei werden bestehende Standards innerhalb der Industrie hinterfragt. Folgende Fragen sind hierfür relevant (in Anlehnung an: Kim und Mauborgne 2005, S. 29):

- Eliminieren: Welche Faktoren, die innerhalb der Industrie als selbstverständlich angesehen werden, sollen innerhalb des Geschäftsmodells eliminiert werden?
- Reduzieren: Welche Faktoren sollen innerhalb des Geschäftsmodells deutlich reduziert werden und somit unter dem Industrie-Standard liegen?
- Erhöhen: Welche Faktoren sollen innerhalb des Geschäftsmodells deutlich erhöht werden und somit über dem Industrie-Standard liegen?
- Erstellen: Welche Faktoren, die bisher nicht innerhalb der Industrie angeboten werden, sollen mittels des Geschäftsmodells neu erstellt werden?

5.2.2 Analysieren von generischen Geschäftsmodellen

Eine weitere Quelle für die Ableitung von Iden für die Ausprägung des eigenen Geschäftsmodells sind generische Geschäftsmodelle aus der Literatur. In Tab. 5.1 sind einige Autoren aufgeführt, die generische Geschäftsmodelle vorstellen. Es empfiehlt sich, ein oder zwei passende Autoren von generischen Geschäftsmodellen heranzuziehen, um Ideen abzuleiten. Eine Auflistung weiterer generischer Geschäftsmodelle findet sich in: Schallmo (2018) und Gassmann (2017).

Tab. 5.1 Generische Geschäftsmodelle

Kagermann und Österle (2007, S. 19–26)	Allgemeine Geschäftskonzepte • Kundenwert aus Kundenprozess: vom Produkt- zum Lösungsanbieter, um Kunden innerhalb seines Prozesses einen hohen Nutzen zu stiften • mehr Kunden und mehr für den Kunden: Erreichung aller potenzieller Kunden und deren umfassende Bedienung mit zahlreichen Leistungen • Innovation und Individualisierung statt Commoditisierung: Produkt- und Serviceinnovation und individuelle Produkte und Dienstleitungen durch Nutzung von IT • stille Auftragsabwicklung: Produkte und Dienstleistungen schnell, sicher, kostengünstig und automatisch für Kunden bereitstellen • strategiekonforme Führung: Umsetzung der Strategie innerhalb der Führung • Value Chain Redesign: Neugestaltung von Wertschöpfungsketten und der unternehmensübergreifenden Prozesse • Flexibilisierung der Informationsarchitektur: Informationsarchitektur muss an neue Geschäftsmodelle anpassbar sein • Geschwindigkeit der Transformation: schnelle Umsetzung neuer Informationsarchitekturen • Wert aus der Informatik: Erkennen des Nutzens der Investitionen in Informatik
Kobler (2005, S. 350–353)	Geschäftsmodelle für Versicherungen • Traditionalist: Kontrolle der gesamten Wertschöpfungskette im eigenen Haus und schlanke Kostenstruktur durch wenige Produkte und Dienstleistungen • Aktivitätenspezialist: Konzentration auf Entwicklung, Beratung und Verkauf der Produkte und Dienstleistungen und Automatisierung von Wertschöpfungsaktivitäten bzw. Auslagerung an Kooperationspartner • Leistungsspezialist: modulares Produkt- und Dienstleistungsangebot durch Produkt-Innovationen, die Breite und Tiefe des Leistungsprogramms erweitern • Leistungsintegrator: Fokussierung auf Wertaktivitäten, die es erlauben, Privatkunde ein Komplettangebot zu machen, das aus zahlreichen Teilleistungen besteht

(Fortsetzung)

Tab. 5.1 (Fortsetzung)

Osterwalder und Pigneur (2010, S. 56–119)	Allgemeine Geschäftsmodelle • Unbundling Business Models: Trennung von drei Kerngeschäften (Kundenbeziehungen, Produkt-Innovation, Infrastruktur), um Konflikte zu vermeiden • Long Tail: Verkauf zahlreicher Nischenprodukte an Kunden; in kleinen Mengen und unregelmäßig • Multi-Sided Platforms: Verknüpfung unterschiedlicher Kundengruppen miteinander auf einer Plattform • Free und Freemium: Anbieten von kostenlosen/günstigen Leistungen; optionale Premium-Leistungen sind kostenpflichtig; kostenlose/günstige Grundprodukte, die Kunden zwingen, Folgekäufe zu tätigen • Open Business Models: Kooperation mit Partnern, um externes Wissen in das eigene Unternehmen zu integrieren bzw. internes Wissen extern zur Verfügung zu stellen
Slywotzky und Morrison (1997, S. 71–84)	Allgemeine Gewinnmodelle • Kundenlösungen: Entwicklung von Kundenlösungen zum Aufbau langfristiger Kundenbeziehungen • Produktpyramide: Niedrigpreisprodukten mit hoher Stückzahl und teure Produkte mit geringer Stückzahl • Multikomponentensystem: zahlreiche Komponenten in einem System • Schaltzentrale: Steuerung der Kommunikation zwischen vielen Käufern und Verkäufern • Zeitvorsprung: schnelle Vermarktung von Innovationen • Kassenschlager: Produkte, bei denen Umsätze ein Vielfaches der Produktionskosten darstellen • Gewinnmultiplizierung: Nutzung eines hohen Markenimages für breites Produktsortiment • Unternehmergeist: Bewahrung des unmittelbaren Kundenkontakts und der Eigenverantwortung durch kleine Profit Center • Spezialisierung: Konzentration auf spezielle Kundenbedürfnisse • installierte Basis: Verwendung des Grundprodukts ist nur mit Folgeprodukten möglich • De-facto-Standard: Gewinne wachsen mit dem Geschäftsvolumen automatisch mit • Markenimage: Abschöpfung von Gewinnen durch höhere Preise • Spezialprodukt: geeignete Auswahl an F&E-Projekten für zukünftige Produkte • lokale Marktführerschaft: Führungsrolle auf lokale Ebene • Transaktionsvolumen: Nutzung gleichbleibender Transaktionskosten • Beherrschung der Wertschöpfungskette: Konzentration auf profitable Stufen in der Wertschöpfungskette • Zyklizitätsmanagement: Gestaltung des Geschäfts in Abhängigkeit des Zyklus • After-Sales-Gewinne: Verdienst an Folgeprodukten/Dienstleistungen • Produktneuheit: Abschöpfung des Gewinns durch neue Produkte • relativer Marktanteil: Erzielung von Preis- und Kostenvorteilen durch größere Erfahrung und Kaufkraft • Erfahrungskurve: Kostensenkung durch Nutzung von Erfahrungen • kosteneffizientes Business Design: geringere Kosten je Einheit als Wettbewerber

5.2.3 Ableiten von Ideen für das eigene Geschäftsmodell

Auf Basis der Analyse von Best Practices der eigenen/fremden Industrie(n) erfolgt nun die Ableitung von Ideen für die konkrete Ausprägung des eigenen Geschäftsmodells bzw. einzelner Geschäftsmodell-Elemente. Im Wesentlichen werden die Ideen den fünf Geschäftsmodell-Dimensionen zugeordnet (Schallmo 2018, S. 53):

- Die Kundendimension beantwortet folgende Frage: Welche Kundensegmente sollen mit welchen Kanälen erreicht werden und wie gestaltet sich die Kundenbeziehung?
- Die Nutzendimension beantwortet folgende Frage: Welche Leistungen (Produkte und Dienstleistungen) sollen angeboten werden und welcher Nutzen wird gestiftet?
- Die Wertschöpfungsdimension beantwortet folgende Frage: Wie sollen Leistungen erstellt werden und wie soll das Geschäftsmodell betrieben werden?
- Die Partnerdimension beantwortet folgende Fragen: Welche Partner sind für das Geschäftsmodell notwendig? Welche Beziehung soll zu den jeweiligen Partnern vorliegen?
- Die Finanzdimension beantwortet folgende Fragen: Womit sollen Umsätze erzielt werden und wo entstehen Kosten? Welche Mechanismen sollen gelten?

Als Ergänzung können auch folgende Fragen gestellt werden:

- Wie würde ein bekannter Unternehmer oder Visionär (z. B. Steve Jobs, Jeff Bezos) unser Geschäftsmodell ausprägen?
- Angenommen wir hätten unbegrenzte zeitliche, personelle und finanzielle Ressourcen: wie würden wir unser Geschäftsmodell ausprägen?

Template für Best Practices Das Template für Best Practices und die Ableitung von Ideen für die Ausgestaltung des eigenen Geschäftsmodells ist in Abb. 5.1 dargestellt.

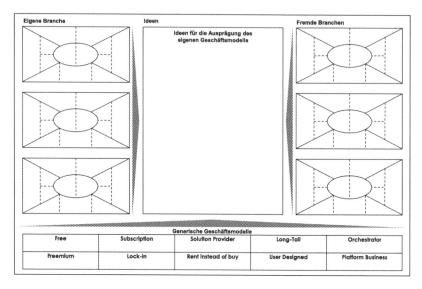

Abb. 5.1 Best Practices

„Geschäftsmodell-Prototyp-Entwicklung": Geschäftsmodell-Raster aufbauen

6

In diesem Kapitel erfolgt die Entwicklung des Geschäftsmodell-Prototyps. Der Geschäftsmodell-Prototyp wird anhand von fünf Dimensionen und dazugehörigen Elementen beschrieben. Die fünf Dimensionen sind: Kundendimension, Nutzendimension, Wertschöpfungsdimension, Partnerdimension und Finanzdimension.

6.1 Zielsetzung und Fragen

Das Ziel innerhalb dieser Phase ist die Erstellung eines Geschäftsmodell-Prototyps. Die Phase „Geschäftsmodell-Prototyp-Entwicklung" beantwortet folgende Fragen:

- Wie können potenzielle Kunden und Experten in die Entwicklung der Geschäftsmodell-Prototypen integriert werden?
- Wie können Aspekte der Industrie (z. B. die Stakeholder, die bestehenden Geschäftsmodelle) in die Entwicklung der Geschäftsmodell-Prototypen integriert werden?
- Wie können Best Practices und generische Geschäftsmodelle berücksichtigt werden?
- Wie können die Geschäftsmodell-Prototypen visualisiert werden?
- Wie können die Geschäftsmodell-Prototypen getestet und bewertet werden?

R. A. D. Schallmo, *Erfolgreiches Business Model Development für Gründungen*, essentials, https://doi.org/10.1007/978-3-658-32140-6_6

6.2   Aktivitäten und Instrumente

Innerhalb der Aktivitäten werden Instrumente eingesetzt, die dazu dienen, notwendige Ergebnisse zu erarbeiten.

6.2.1   Integrieren der Geschäftsmodell-Vision und der Best-Practices

Die erarbeitete Geschäftsmodell-Vision und die Best Practices dienen als Basis for die Entwicklung des Geschäftsmodell-Prototyps. Der Geschäftsmodell-Prototyp wird dabei anhand von fünf Dimensionen (Kunden, Nutzen, Wertschöpfung, Partner, Finanzen) entwickelt, die wiederum eigene Elemente beinhalten. Die Geschäftsmodell-Dimensionen und -Elemente sind nachfolgend kurz erläutert.

Kundendimension
Die Kundendimension definiert die Kundensegmente, die Kundenkanäle und die Kundenbeziehungen des Geschäftsmodells; sie ist diesen Objekten übergeordnet. Die Kundendimension ist extern (auf die Kunden und auf den Markt) gerichtet; sie beantwortet hauptsächlich die Frage, für wen die Leistungen eines Geschäftsmodells erbracht werden.

Kundensegmente Die Kundensegmente enthalten die Kunden, die ein Unternehmen mit seinem Geschäftsmodell erreicht und bedient. Die Kunden unterscheiden sich dabei durch ihre Bedürfnisse, ihre Zahlungsbereitschaft und ihren Wert für das Geschäftsmodell. Die Kunden gehen eine Beziehung innerhalb des Geschäftsmodells ein und bezahlen für die Leistungen, die sie in Anspruch nehmen, einen Preis, der durch ihre Zahlungsbereitschaft beeinflusst wird. Die angebotenen Leistungen innerhalb des Geschäftsmodells dienen der Befriedigung der Kundenbedürfnisse.

Kundenkanäle Die Kundenkanäle können in Kommunikations- und Vertriebskanäle unterschieden werden. Die Kommunikationskanäle dienen dazu, mit Kunden in Kontakt zu treten und diese über die Leistungen sowie den möglichen Nutzen zu informieren; die Kommunikationskanäle dienen auch dazu, dass die Kunden mit dem Unternehmen in Kontakt treten können. Die Vertriebskanäle dienen dazu, die Leistungen an die Kunden zu transferieren, um einen Nutzen für die Kunden zu stiften. Die Kommunikations- und Vertriebskanäle können sich überschneiden; zu Vertriebskanälen zählen auch Liefer- und Servicekanäle.

Kundenbeziehung Die Kunden gehen innerhalb des Geschäftsmodells eine Beziehung ein. Über den Nutzen, der für die Kunden gestiftet wird, wird die Kundenbeziehung gefestigt und eine sogenannte Kundenbindung erzeugt. Je Kundensegment ist dabei eine unterschiedliche Form der Kundenbeziehung relevant.

Nutzendimension

Die Nutzendimension definiert die Leistungen und den damit erzeugten Nutzen eines Geschäftsmodells; sie ist den genannten Objekten übergeordnet. Die Nutzendimension beantwortet hauptsächlich die Frage, was den Kunden angeboten wird.

Leistungen Die Leistungen setzen sich aus den Produkten bzw. den Dienstleistungen zusammen und werden den Kunden in einem Leistungssystem bereitgestellt. Die Leistungen dienen der Befriedigung von Kundenbedürfnissen und stiften somit für die Kunden einen Nutzen. Die Leistungen werden durch den Einsatz von Ressourcen, Fähigkeiten und Prozessen erstellt. Darüber hinaus haben Leistungen einen Preis und ermöglichen die Erzielung von Umsätzen.

Nutzen Der Nutzen entsteht durch die Erbringung von Leistungen und durch die Befriedigung von Kundenbedürfnissen Der Nutzen wird mittels eines Nutzenversprechens formuliert. Neben dem Nutzen, der gegenüber den Kunden erbracht wird, ist auch der Nutzen, der gegenüber den Partnern erbracht wird, relevant.

Wertschöpfungsdimension

Die Wertschöpfungsdimension definiert die Ressourcen, die Fähigkeiten und die Prozesse, die für das Geschäftsmodell notwendig sind. Die Wertschöpfungsdimension ist den definierten Objekten übergeordnet und beantwortet die Frage, wie das Geschäftsmodell die Leistungen erstellt und erbringt bzw. wie das Geschäftsmodell betrieben wird.

Ressourcen Die Ressourcen stellen materielle oder immaterielle Faktoren dar, die innerhalb eines Geschäftsmodells eingesetzt werden. Sie fließen direkt bzw. indirekt in die Leistungen des Geschäftsmodells ein und dienen dazu, die Kundensegmente zu erreichen, die Kundenbeziehungen aufzubauen und diese aufrechtzuerhalten. Um das Geschäftsmodell zu vervollständigen, stellen Partner ebenfalls Ressourcen bereit.

Fähigkeiten Die Fähigkeiten eines Geschäftsmodells bestehen aus Strukturen, Prozessen und Systemen und setzen Ressourcen ein. Die Fähigkeiten dienen dazu, die Leistungen zu erstellen, die Kunden zu erreichen und die Kundenbeziehungen aufzubauen bzw. aufrechtzuerhalten. Die Fähigkeiten stellen in Kombination mit den Ressourcen die Kompetenzen dar. Partner haben Fähigkeiten bzw. stellen diese bereit, um das Geschäftsmodell zu vervollständigen.

Prozesse Ein Prozess ist eine Menge von Aufgaben, die in einer Reihenfolge zu erledigen sind. Prozesse haben Leistungen als Ergebnis und ermöglichen es, die Kundensegmente zu erreichen, die Kundenbeziehungen aufzubauen, diese aufrechtzuerhalten und Umsätze zu generieren. Prozesse sind also notwendig, um das Geschäftsmodell zu betreiben und das Nutzenversprechen auf eine nachhaltige, eine wiederholbare, eine skalierbare und eine steuerbare Art zu erfüllen. Welche Prozesse für ein Geschäftsmodell relevant sind, hängt von der Position innerhalb der Industrie-Wertschöpfungskette ab. Partner können Prozesse ausführen, um das Geschäftsmodell zu vervollständigen.

Partnerdimension

Die Partnerdimension definiert die Partner, die Partnerkanäle und die Partnerbeziehungen des Geschäftsmodells; sie ist übergeordnet und beantwortet hauptsächlich die Frage, mit wem kooperiert wird, um das Geschäftsmodell zu vervollständigen.

Partner Die Partner gehören zu einem Partnernetzwerk und ergänzen das Geschäftsmodell, indem sie Ressourcen und Fähigkeiten bereitstellen, die innerhalb des Geschäftsmodells selbst nicht vorliegen bzw. nicht erfolgskritisch für das Geschäftsmodell sind. Daneben führen die Partner die Prozesse aus, die nicht innerhalb des Geschäftsmodells ausgeführt werden können bzw. die nicht erfolgskritisch für das Geschäftsmodell sind. Das Ziel ist es, mit geeigneten Partnern das Geschäftsmodell zu vervollständigen und für die Kunden einen Nutzen zu stiften.

Partnerkanäle Für Partnerkanäle erfolgt eine Unterscheidung in Kommunikations- und Beschaffungskanäle. Die Kommunikationskanäle dienen dazu, mit Partnern in Kontakt zu treten, mit diesen Partnern zu kommunizieren und sie über den Nutzen zu informieren. Die Beschaffungskanäle dienen dazu, die bereitgestellten Ressourcen von Partnern an das Geschäftsmodell zu übertragen.

Partnerbeziehung Die Partnerbeziehung sagt aus, wie die Gewinnung von Partnern und deren Bindung an das Geschäftsmodell stattfindet. Neben den vertraglichen Regelungen wird die Partnerbeziehung über den Nutzen, den der Partner erhält, gefestigt. Je Partner sind unterschiedliche Formen von Partnerbeziehungen möglich.

Finanzdimension
Die Finanzdimension definiert die Umsätze und Kosten des Geschäftsmodells und ist übergeordnet. Sie beantwortet hauptsächlich die Frage, wodurch Kosten entstehen und womit Umsätze erzielt werden.

Umsätze Die Umsätze werden durch den Verkauf und durch die Bereitstellung von Leistungen erzielt. Sie sind durch ihre Struktur und ihren Mechanismus charakterisiert. Die Umsatzstruktur beschreibt, von welchen Kunden/Partnern und mit welchen Leistungen das Geschäftsmodell Umsätze generiert. Der für Kunden und Partner gestiftete Nutzen fließt somit in Form von Umsätzen wieder an das Geschäftsmodell zurück. Hierbei kommen unterschiedliche Umsatzmechanismen zum Einsatz, die mit den Kunden und Partnern vereinbart sind.

Kosten Kosten entstehen bei dem Betrieb eines Geschäftsmodells und sind in einer Kostenstruktur abgebildet. Kosten entstehen also durch die Partnerschaften, den Einsatz von Ressourcen, den Aufbau von Fähigkeiten und die Ausführung von Prozessen. Die Kostenstruktur schafft Transparenz und ermöglicht es, Reduktionspotenziale zu nutzen. Analog zu den Umsatzmechanismen kommen Kostenmechanismen (z. B. Nutzungsgebühr, Grundgebühr, Provision, Mietgebühr, Lizenzierung) zum Einsatz, die mit den Partnern vereinbart sind.

6.2.2 Entwickeln des Geschäftsmodell-Prototyps

Zur Entwicklung des Geschäftsmodell-Prototyps werden ein Template (s. Abb. 6.1) und Leitfragen eingesetzt.

Template für den Geschäftsmodell-Prototyp Die Geschäftsmodell-Dimensionen werden dabei um Geschäftsmodell-Elemente ergänzt, die in Abbildung dargestellt sind (Schallmo 2018, S: 63 ff.).

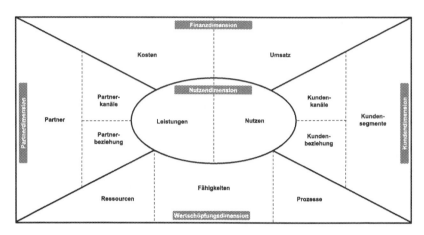

Abb. 6.1 Geschäftsmodell-Prototyp (Schallmo 2018, S. 54)

Leitfragen Für die dargestellten Geschäftsmodell-Elemente liegen Leitfragen vor, die nachfolgende erläutert sind (Schallmo 2018, S. 55 ff.)
Die Leitfragen im Rahmen der **Kundensegmente** sind:

- Welche Kundenbedürfnisse liegen vor und wie erfolgt auf dieser Basis die Bildung von Kundensegmenten?
- Welche Kundensegmente sollen als erstes bearbeitet werden?
- Welcher Nutzen soll für die Kundensegmente gestiftet werden und wie viel sind die Kunden bereit zu bezahlen?
- Welchen Wert haben die Kundensegmente für das Unternehmen und welche Kundensegmente sind am wichtigsten?

Die Leitfragen im Rahmen der **Kundenkanäle** sind:

- Wie sind die Kommunikations- und Vertriebskanäle in die Prozesse (z. B. Anfrage, Beschaffung) der Kunden integriert?
- Mittels welcher Kommunikations- und Vertriebskanäle können viele Kunden erreicht werden?
- Mittels welcher Kommunikations- und Vertriebskanäle sollen die Kundensegmente erreicht werden?

Die Leitfragen im Rahmen der **Kundenbeziehung** sind:

- Wie können neue Kunden gewonnen und langfristig an das Unternehmen gebunden werden?
- Wie kostenintensiv sind die unterschiedlichen Formen der Kundenbeziehung?
- Welche Form der Kundenbeziehung ist besonders erfolgversprechend?
- Welche Form der Kundenbeziehung soll vorliegen?

Die Leitfragen im Rahmen der **Leistungen und des Nutzens** sind:

- Welche aktuellen und zukünftigen Bedürfnisse hat ein spezifisches Kundensegment und wie wichtig sind diese Bedürfnisse den jeweiligen Kundensegmenten?
- Welcher Nutzen soll je Kundensegment gestiftet werden und wie soll dieser Nutzen in einem Nutzenversprechen ausformuliert werden?
- Welche Produkte und Dienstleistungen sind notwendig, um den Nutzen zu stiften und das Nutzenversprechen zu erfüllen?
- Welcher Nutzen soll für die beteiligten Partner gestiftet werden?
- Wie werden Kunden mit der Marke, den Leistungen und dem damit erzeugten Nutzen begeistert?

Die Leitfragen im Rahmen der **Ressourcen** und **Fähigkeiten** sind:

- Welche Ressourcen und Fähigkeiten sind für die Stiftung des Nutzens notwendig und in welcher Form und woher müssen diese Ressourcen und Fähigkeiten beschafft werden?
- Welche Ressourcen und Fähigkeiten sind für das Geschäftsmodell erfolgskritisch und welche einzigartig?
- Wie sollen die Ressourcen und Fähigkeiten von Partnern in das Geschäftsmodell integriert werden?

Die Leitfragen im Rahmen der **Prozesse** sind:

- Wie gestaltet sich die gesamte Wertschöpfungskette der Industrie und welche Position soll innerhalb dieser Wertschöpfungskette eingenommen werden?
- Welche Prozesse sind für die Erfüllung des Nutzenversprechens notwendig?
- Welche Prozesse sind für die Bereitstellung von Kanälen und die Pflege der Kundenbeziehungen notwendig?
- Welche Prozesse sollen dabei von Partnern ausgeführt werden und wie erfolgt die Verknüpfung mit den Partnern?

Die Leitfragen im Rahmen der **Partner** sind:

- Welche Partner sind für das Geschäftsmodell notwendig?
- Welche Ressourcen und Fähigkeiten sollen von den Partnern bereitgestellt werden?
- Welche Partner sind in die Wertschöpfungskette integriert und welche Prozesse sollen die Partner ausführen?
- Welche Kundenkanäle können durch die Partner erschlossen werden?
- Wie sollen die Partner bei der Erfüllung des Nutzenversprechens unterstützen?

Die Leitfragen im Rahmen der **Partnerkanäle** sind:

- Über welche Kommunikations- und Beschaffungskanäle sollen Partner erreicht werden?
- Welche Kommunikations- und Beschaffungskanäle sind besonders erfolgversprechend und kostengünstig?

Die Leitfragen im Rahmen der Form der **Partnerbeziehung** sind:

- Welche Form der Partnerbeziehung ist besonders erfolgversprechend?
- Wie kostenintensiv sind unterschiedliche Formen der Partnerbeziehung?
- Welche Form der Beziehung soll zu Partnern aufgebaut werden und wie erfolgt die Zusammenarbeit mit den Partnern?

Die Leitfragen im Rahmen der **Umsätze** sind:

- Für welchen Nutzen sind die Kunden bereit zu bezahlen und wie viel sind Kunden bereit zu bezahlen?[1]
- Wie kann der gestiftete Nutzen in Form von Umsätzen abgeschöpft werden?
- Für welche Leistungen (Produkte und Dienstleistungen) können Umsätze generiert werden?
- Wie soll der Umsatzmechanismus (z. B. Mietgebühr je Minute) für die Kundensegmente ausgestaltet werden?

Die Leitfragen im Rahmen der **Kosten** sind folgende:

---

[1]Damit ist die Zahlungsbereitschaft gemeint; andere Autoren sprechen hierbei auch von der *willingness to pay*.
(z. B. Grasl 2009, S. 72).

- Welche Kosten werden während des Betriebs des Geschäftsmodells und innerhalb der jeweiligen Geschäftsmodell-Elemente entstehen und welche Kosten sind wesentlich?
- Welche Ressourcen, Fähigkeiten und Prozesse werden dabei welche Kosten und in welcher Höhe Kosten verursachen?
- Durch welche Faktoren (z. B. Menge, Preise) wird die Kostenstruktur beeinflusst?
- Wie soll der Kostenmechanismus (z. B. die Zahlung einer Nutzungsgebühr) mit den Partnern ausgestaltet werden?

6.2.3 Testen, Bewerten und Anpassen des Geschäftsmodell-Prototyps

Um den Geschäftsmodell-Prototyp weiterzuentwickeln, wird dieser mit Kunden und Usern getestet.

Test mit Kunden und Usern Der Test des Geschäftsmodell-Prototyps dient dazu, zu beobachten, wie User reagieren. Die Zielsetzung ist es, Erfahrungen während der Erläuterung des Geschäftsmodells zu gewinnen. Dabei ist darauf zu achten, dass der Test in einer Situation stattfindet, in der Geschäftsmodell typischerweise zum Einsatz kommen kann. Folgende Schritte sind im Rahmen des Tests mit Usern relevant (in Anlehnung an: d.school 2010; Ideo 2020):

- Identifikation der geeigneten User und der geeigneten Situationen
- Vorstellung des Geschäftsmodells bei den Usern
- Stellen relevanter Fragen
- Dokumentation in einem Testprotokoll.

Im Rahmen des Tests wird von den Usern Feedback eingeholt, um zusätzliche Ideen zu gewinnen und Weiterentwicklungen vorzunehmen. Das Feedbackprotokoll fasst alle Informationen zusammen (Curedale 2013, S. 351 f.) und ist in Tab. 6.1 exemplarisch dargestellt.

Bewerten von Prototypen Nachdem der Test durchgeführt und wurde, erfolgt Bewertung des Geschäftsmodell-Prototyps. In Tab. 6.2 ist exemplarisch ein Bewertungsprotokoll für den Geschäftsmodell-Prototyp dargestellt.

Mithilfe der durchgeführten Tests, der eingeholten Feedbacks und des Bewertungsprotokolls kann der Geschäftsmodell-Prototyp nun angepasst werden. Bei

Tab. 6.1 Feedbackprotokoll User (Schallmo 2017, S. 111)

Datum/Uhrzeit	Ort	Interviewer
Positive Eigenschaften. Was begeistert den User?	Veränderungen. Was würde der User verändern?	Offene Fragen. Welche offenen Fragen hat der User?
•	•	•
•	•	•
Ideen. Welche Ideen hat der User? Z.B. etwas ersetzen, etwas kombinieren, etwas adaptieren, etwas zweckentfremden, etwas weglassen, etwas hinzufügen		
•	•	•
•	•	•

Tab. 6.2 Bewertungsprotokoll für den Geschäftsmodell-Prototyp (Schallmo 2017, S. 112)

Prototyp:	Abschließende Bewertung:
Nutzenbeitrag des Prototyps für User	Imitierbarkeit des Prototyps durch Wettbewerber
Lebensdauer des Prototyps	Dauer der Realisierung des Prototyps
Kosten zu Realisierung des Prototyps	Umsatzpotenzial des Prototyps für Unternehmen
Höhe des Deckungsbeitrags mit Prototyps	….

Bedarf können erneut Test durchgeführt werden, um den Geschäftsmodell-Prototyp immer mehr zu verbessern.

„Geschäftsmodell-Entwicklung": Geschäftsmodell im Detail aufbauen

7

In diesem Kapitel erfolgt wird der Geschäftsmodell-Prototyp konkretisiert, d. h., dass die jeweiligen Geschäftsmodell-Dimensionen und -Elemente mittels Techniken und Templates detailliert ausgestaltet werden.

7.1 Zielsetzung und Fragen

Das Ziel innerhalb dieser Phase ist die Entwicklung des Geschäftsmodells im Detail unter Anwendung ausgewählter Techniken.

Die Phase „Geschäftsmodell-Entwicklung" beantwortet folgende Fragen:

- Wie können der Geschäftsmodell-Prototyp und die darin enthaltenen Geschäftsmodell-Dimensionen im Detail ausgestaltet werden?
- Wie können Visualisierungstechniken die Geschäftsmodell-Entwicklung unterstützen?
- Anhand welcher Kriterien können die Geschäftsmodell-Elemente beschrieben werden?

7.2 Aktivitäten und Instrumente

Innerhalb der Aktivitäten werden Instrumente eingesetzt, die dazu dienen, notwendige Ergebnisse zu erarbeiten.

R. A. D. Schallmo, *Erfolgreiches Business Model Development für Gründungen*, essentials, https://doi.org/10.1007/978-3-658-32140-6_7

7.2.1 Ausgestalten der Kundendimension

Die Konkretisierung der Kundendimension hat zum Ziel, die in dem Prototyp enthaltene Kundendimension auszugestalten. Es soll somit beschrieben werden, welche Kundensegmente, welche Kundenkanäle und welche Kundenbeziehungen (Bieger und Reinhold 2011, S. 32; Osterwalder et al. 2005, S. 10) relevant sind und wie diese beschrieben werden können. Neben den vorhandenen Ergebnissen (z. B. Technologie-Landkarte) werden allgemeine Formen für die Kundenkanäle und die Kundenbeziehungen herangezogen, um eine Vollständigkeit sicherzustellen.

Festlegen der Kundensegmente
Die Kundensegmente des Geschäftsmodell-Prototyps dienen als Ausgangspunkt, um eine Ergänzung und Festlegung der Kundensegmente zu ermöglichen.

Zur Definition von Kundensegmenten[1] findet die Anwendung der Kriterien Kundenbedürfnisse, Zahlungsbereitschaft[2] und Kundenwert statt. Kunden mit ähnlichen Bedürfnissen, Zahlungsbereitschaften und Kundenwerten (Bieger und Reinhold 2011, S. 36, 46–48) werden somit zu einem Kundensegment zusammengefasst. Daneben erfolgt die Anwendung der in Abschn. 6.2.2 vorgestellten Leitfragen für die Kundensegmente.

Die zuvor erhobenen Kundenbedürfnisse werden geclustert; ähnliche Kundenbedürfnisse beeinflussen dabei die Zahlungsbereitschaft von Kunden. Für die Messung der Zahlungsbereitschaft liegen folgende Möglichkeiten vor (Meffert et al. 2012, S. 526–533):

- Beobachtung: Zur Beobachtung zählen Preisexperimente (Feld/Labor) oder die Auswertung von Marktdaten.
- Befragung: Die Befragung umfasst die Expertenbefragung, die direkte Befragung von Kunden und die indirekte Befragung von Kunden (z. B. mittels der Conjoint-Analyse)
- Bieterverfahren: Zu dem Bieterverfahren zählen Auktionen, bei denen Kunden eine Kaufverpflichtung eingehen.

---

[1]Siehe auch: Meffert et al. (2012, S. 195), die weitere Kriterien (z. B. verhaltensorientierte, psychographische) aufführen.

[2]Die Zahlungsbereitschaft von Kunden beeinflusst die Preisgestaltung und die erzielbaren Umsätze.

Die jeweils ermittelte Zahlungsbereitschaft beeinflusst (über den Preis der Leistung) den Kundenwert. Zur Berechnung des Kundenwerts liegen unterschiedliche Verfahren, wie z. B. die Kunden-Umsatzberechnung, die Kunden-Deckungsbeitragsberechnung, das Scoring-Modell oder das Kunden-Portfoliomodell, vor (Cornelsen 1996, S. 7; Reichold 2006, S. 36; Strasser 2009)[3].

Als Ergebnis der Clusterung ähnlicher Kundenbedürfnisse, Zahlungsbereitschaften und Kundenwerte liegen für das Geschäftsmodell die relevanten Kundensegmente vor.

Beschreibung von typischen Kunden bzw. Users Aus den abgeleiteten Kundensegmenten werden nun das wichtigste Kundensegment ausgewählt und ein typischer Kunde beschrieben. Es empfiehlt sich, mehrere Kunden zu beschreiben, um unterschiedliche Perspektiven einzunehmen. Als Ergebnis liegt die User Empathy Map vor, die die wichtigsten Charakteristika eines Users enthält. Die Zielsetzung ist es, ein grundlegendes Verständnis über den User aufzubauen und diesen so detailliert wie möglich zu beschreiben. Neben Notizen und Skizzen können auch Bilder, z. B. aus Zeitschriften, eingesetzt werden, um die User Empathy Map zu erstellen.

Zur Personifizierung des typischen Users dienen z. B. folgende Charakteristika (Plattner et al. 2009, S. 167):

- Name: welchen Namen hat der typische User?
- Alter: wie alt ist der typische User?
- Geschlecht: welches Geschlecht hat der typische User?
- Familienstand: wie ist der Familienstand des typischen Users?
- Hobbies: welche Hobbies/Vorlieben hat der typische User?
- Wohnung: wie ist die Wohnung des typischen Users eingerichtet?
- Familie: wie lässt sich die Familie des typischen Users beschreiben?

Auf Basis der Personifizierung erfolgt nun die Emotionalisierung des typischen Users. Folgende Charakteristika sind dabei relevant (in Anlehnung an: Curedale 2013, S. 224; Gray et al. 2010, S. 65 f.):

---

[3] Eine Übersicht zu bestehenden Formen bieten Belz und Bieger (2006); Günter und Helm (2006).

- Sehen: was sieht der User und wie gestaltet sich sein Umfeld? Welche Angebote bekommt er?
- Hören: was hört der User von seinem Umfeld?
- Denken/Fühlen: was geht im Kopf des Users vor? Was sind seine Gefühle? Was beschäftigt ihn?
- Sagen: worüber spricht der User und wie verhält er sich in der Öffentlichkeit? Was erzählt er anderen?
- Frust/Sorgen: was bereitet dem User Frust und Sorgen? Was sind seine größten Hindernisse/Ängste / Probleme? Was sind die größten Hürden auf dem Weg zur Erreichung seiner Ziele?
- Lust/Freude: was bereitet dem User Lust und Freude? Was möchte der User erreichen? Welche Ziele/Wünsche hat er? Was motiviert ihn?
- Job to be done/notwendige Lösung: welche Probleme hat er? Welche Bedürfnisse entstehen daraus? Welche Aufgabe muss er erledigen? Welche Lösung ist für ihn notwendig?

Die aufgeführten Charakteristika zur Personifizierung und Emotionalisierung des Users müssen dabei nicht immer vollständig angewandt werden; sie dienen vielmehr als Anregung.

Template für die User Emptahy Map In Abb. 7.1 ist das Template für die User Empathy Map dargestellt.

Festlegen der Kundenkanäle je Kundensegment Aufbauend auf den festgelegten Kundenkanälen des Geschäftsmodell-Prototyps erfolgt die Analyse der User Journey je Kundensegment. Die User Journey dient der Strukturierung einer Kundenbeziehung und umfasst z. B. das Erkennen eines Bedürfnisses auf Kundenseite (1), das Sammeln von Leistungsinformationen (2), die Kaufabwicklung (3), die Verwendung der Leistung (4) und evtl. die Entsorgung (5) (Muther 2001, S. 14–17; Osterwalder 2004, S. 65 f.; Bieger und Reinhold 2011, S. 44 f.). Die User Journey ermöglicht es somit, alle Kundenkontaktpunkte zu analysieren und die Kundenkanäle je Kundensegment festzulegen. Abb. 7.2 stellt exemplarisch die Kundenkanäle dar, die entlang der User Journey eingesetzt werden können.

Die bereits erstellte Technologie-Landkarte kann als Unterstützung herangezogen werden, um die Kundenkanäle aus technologischer Sicht zu ergänzen. Die Leitfragen zu Kundenkanälen aus Abschn. 6.2.2 werden ebenfalls herangezogen, um geeignete Kundenkanäle zu definieren.

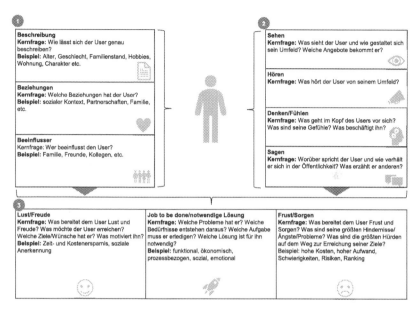

Abb. 7.1 User Empathy Map (Schallmo 2017, S. 85)

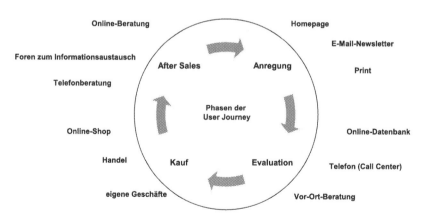

Abb. 7.2 Kundenkanäle entlang der User Journey

Die Komplexität nimmt bei mehreren Kundensegmenten und Kundenkanälen sehr schnell zu. Daher ist es sinnvoll, die Verknüpfungen in tabellarischer Form zusammenzufassen. Als Ergebnis liegen je Kundensegment notwendige Kanäle vor, die sich zum Teil überschneiden können.

Template für die User Journey In Abb. 7.3 ist das Template für die User Journey dargestellt.

Festlegen der Kundenbeziehung je Kundensegment Die Festlegung der Kundenbeziehungen erfolgt unter Berücksichtigung der definierten Kundenbeziehungen des Geschäftsmodell-Prototyps. Daneben erfolgt die Berücksichtigung unterschiedlicher Formen der Kundenbindung, die Kundenbeziehungen charakterisieren (siehe Abb. 7.4).

Phase	**Kernfrage:** Welche Phasen (auch vor- und nachgelagert) sind aus Sicht des Users relevant? **Beispiel:** Anbahnung, Evaluation, Kauf, After-Sales	
Bedürfnisse/ Aufgaben	**Kernfrage:** Welche Bedürfnisse hat der User in der jeweiligen Phase? **Beispiel:** Transparente Angebote, schnelle Abwicklung **Kernfrage:** Welche Aufgaben muss der User in der jeweiligen Phase aktuell erledigen? **Beispiel:** Suche von geeigneten Anbietern, Verhandlung mit Anbietern.	
Erfahrungen	**Kernfrage:** Welche positive und negativen Erfahrungen möchte der User machen? **Beispiel:** Arbeitserleichterung durch Unterstützung.	
Kontakt- punkte	**Kernfrage:** Welche Kontaktpunkte sind in der jeweiligen Phase relevant? **Beispiel:** E-Mail, Portal, pers. Gespräch.	

Abb. 7.3 User Journey (Schallmo 2017, S. 87)

Abb. 7.4 Formen der Kundenbindung

Die verbundenheitsgetriebene Form ist freiwillig und wird durch die Transaktionsqualität und die Beziehungsqualität beeinflusst. Die Transaktionsqualität sagt aus, wie zufrieden die Kunden mit den Leistungen des Anbieters sind. Die Beziehungsqualität sagt aus, wie die Kunden die Beziehung zu ihrem Lieferanten empfinden, was z. B. durch die Höhe der Komplexität der Beziehung beeinflusst wird (Garcia und Rennhak 2006, S. 6). Die gebundenheitsgetriebene Form wird von den Kunden freiwillig eingegangen und kann ökonomisch, technisch-funktional oder vertraglich etabliert werden. Bei der ökonomischen Gebundenheit (z. B. Rabatte, Abonnements) entstehen für die Kunden bei der Abwanderung finanzielle Verluste. Bei der technisch-funktionalen Gebundenheit ist die Nutzung von Leistungen nur durch zusätzliche Leistungen des Anbieters möglich (z. B. Drucker und Patronen; iPod und iTunes). Bei der vertraglichen Gebundenheit verpflichten sich die Kunden, über einen definierten Zeitraum die Leistungen des Anbieters zu beziehen (z. B. Mobilfunkvertrag) (Garcia und Rennhak 2006, S. 6 f.).

Die verbundenheitsgetriebene Form wird durch den Nutzen, den die Kunden durch die Inanspruchnahme von Leistungen des Anbieters empfinden, beeinflusst[4]. Die gebundenheitsgetriebene Kundenbindung beeinflusst den Umsatzmechanismus, der in der Finanzdimension dargestellt wird. Analog zu den beiden vorherigen Geschäftsmodell-Elementen erfolgen die Anwendung der Leitfragen (siehe Abschn. 6.2.2) und die Darstellung der Kundenbeziehung je Kundensegment in graphischer und tabellarischer Form.

7.2.2 Ausgestalten der Nutzendimension

Die Konkretisierung der Nutzendimension hat das Ziel, die Nutzendimension des Prototyps zu beschreiben; somit wird festgelegt, welcher Nutzen mit welchen Leistungen (innerhalb eines Leistungssystems) erzeugt wird (Bieger und Reinhold 2011, S. 32; Johnson 2010, S. 123; Osterwalder et al. 2005, S. 10). Es fließen vorhandene Ergebnisse und allgemeine Formen für die Leistungen und den Nutzen ein.

---

[4]Die Messung des empfundenen Nutzens durch Kunden kann z. B. über die Conjoint-Analyse erfolgen.

Abb. 7.5 Leistungssystem. (In Anlehnung an: Belz 1997, S. 21–23)

Festlegen der Leistungen je Kundensegment

Auf Basis der Leistungen, die in dem Geschäftsmodell-Prototyp enthalten sind, erfolgt nun deren Ergänzung und Konkretisierung. Zur Gewinnung von Ideen für neue Leistungen bieten sich das Leistungssystem (Bieger und Reinhold 2011, S. 34) und der Customer Buying Cycle an. Die Abb. 7.5 stellt das allgemeingültige Leistungssystem von Belz (1997) dar.

Das Leistungssystem ist anhand folgender Aspekte beschrieben (in Anlehnung an: Belz et al. 2008, S. 116 f.; Homburg und Jensen 2004, S. 507):

- Kernleistung: Die Kernleistung umfasst das Produkt bzw. die Dienstleistung eines Geschäftsmodells.
- Systemleistung: Die Systemleistung besteht aus Produkten bzw. Dienstleistungen, die in einem Einkaufs- bzw. Verwendungsverbund zur Kernleistung stehen, z. B. ein modulares System und individualisierte Produkt- und Verpackungsvarianten.
- Sortimentsleistung: Die Sortimentsleistung beinhaltet Zusatzprodukten und -dienstleistungen zusammen, die von der Kernleistung trennbar sind, z. B. Produktallianzen.
- Dienstleistungen: Die Dienstleistungen sind immaterielle Zusatzleistungen (z. B. Finanzierung, Wartung, Versicherung, Just-in-Time-Lieferung), die die Nutzung der Kernleistung unterstützen.
- Integrationsleistung: Die Integrationsleistung setzt sich aus gemeinsamen Prozessen zusammen, die einen Dienstleistungscharakter haben, z. B. die Entwicklung von Lösungen mit Kunden.
- Integriertes Projektmanagement: Das integrierte Projektmanagement umfasst Dienstleistungen, die das Leistungspotenzial der Kernleistung nutzbar machen, z. B. der Betrieb von Anlagen und die Übernahme von Risiken.

- Emotionales Profil und Kundenerlebnis: Zu dem emotionales Profil und dem Kundenerlebnis zählen image- und vertrauensbildende Maßnahmen und Eigenschaften, z. B. starke Marke, Verlässlichkeit, Verfügbarkeit, Referenzen und Zertifikate.

Eine weitere Möglichkeit, Leistungen für Kundensegmente abzuleiten, ist der Customer Buying Cycle. Im Gegensatz zu der Festlegung von Kundenkanälen, bei dem der Customer Buying Cycle eingesetzt wurde, liegt der Fokus hier auf der Analyse von Kundenbedürfnissen und den sich daraus ergebenden Kundenaufgaben (Muther 2001, S. 16).

Die oben beschriebenen Kundenaufgaben (siehe Tab. 7.1) werden durch die Leistungen des Geschäftsmodells unterstützt. Analog zur Darstellung der Kundenkanäle erfolgt in Abb. 7.6 die Darstellung der Leistungen entlang des Customer Buying Cycle.

Zwischen dem Leistungssystem und dem Customer Buying Cycle liegen teilweise Überschneidungen, wie z. B. die Installation der Leistung, vor. Somit wird die Vollständigkeit im Rahmen der Festlegung von Leistungen je Kundensegment sichergestellt. Als Ergebnis liegen die relevanten Leistungen je Kundensegment vor.

Formulieren des Nutzenversprechens je Kundensegment

Mit den Leistungen des Geschäftsmodells wird ein Nutzen für Kunden erzielt. Die Übertragung der Nutzenkategorien für Produkte und Dienstleistungen wird wie folgt auf Geschäftsmodelle übertragen (in Anlehnung an: Homburg und Krohmer 2006, S. 513):

- Funktionaler Nutzen: Der funktionale Nutzen entsteht aus den Basisfunktionen des Geschäftsmodells und ist mit dessen Verwendung verbunden.
- Ökonomischer Nutzen: Der ökonomische Nutzen entsteht aus den unmittelbaren Geschäftsmodelleigenschaften (z. B. Kostenersparnis, Risikoreduktion).
- Prozessbezogener Nutzen: Der prozessbezogene Nutzen entsteht durch die einfache Beschaffung von Leistungen und die Verwendung des Geschäftsmodells (z. B. Zeitersparnis).
- Emotionaler Nutzen: Der emotionale Nutzen entsteht durch positive Gefühle durch die Verwendung des Geschäftsmodells (z. B. Marke).
- Sozialer Nutzen: Der soziale Nutzen entsteht durch die soziale Anerkennung bei der Verwendung des Geschäftsmodells.

Tab. 7.1 Kundenbedürfnisse, Kundenaufgaben und Leistungen. (In Anlehnung an Muther 2001, S. 17)

Phase	Kundenbedürfnisse	Kundenaufgaben	Leistungen
Anregung	• Informationen über Neuheiten • zeitgerechte Ansprache • transparente Angebote	• Bedürfnisse erkennen • Entwicklungen verfolgen • Neuheiten erkennen • Markt und Anbieter erkunden	• Unternehmens- und Produktinformationen • Marketingkommunikation (Werbung, Öffentlichkeitsarbeit)
Evaluation	• konkrete Informationen bzgl. der Leistung • genaue Vorstellung über Bedürfnisse • Beratung durch Anbieter	• Bedürfnis konkretisieren • Informationen über Leistung und Anbieter suchen • Anforderung der Leistung bestimmen • Leistung vergleichen • Leistung auswählen • Lieferantengespräche führen	• Kundenberatung • individuelle Produktangebote • Konfiguration der Leistung • Entscheidungsunterstützung
Kauf	• einfache Bestellabwicklung • Transparenz im Hinblick auf den Bestellvorgang • bequeme Bezahlung • sichere und schnelle Logistik	• Leistung bestellen • Bestellung ändern • Bestellstatus überprüfen • Leistung bezahlen • Leistung empfangen • Leistung installieren	• Bestellabwicklung • Auftragsbestätigung • Lieferstatus • Lieferschein und Rechnung • Lieferung der Leistung • Unterstützung bei Installation
After Sales	• Information bzgl. Bedienung • einfache Bedienung • reibungsloser Betrieb • Reparatur und Ersatzteile • schnelle Beantwortung von Fragen • Entsorgung	• Verwendung der Leistung lernen • Leistung verwenden • Leistung warten • Leistung reparieren • Leistung aktualisieren • relevante Informationen einholen • Leistung entsorgen	• Schulungen bzgl. Bedienung • Anleitung bzgl. Bedienung • Wartung und Service • Ersatzteillieferung • Beantwortung von Fragen • Entsorgungsunterstützung

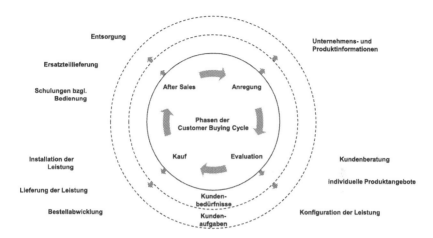

Abb. 7.6 Leistungen entlang des Customer Buying Cycle

Der gestiftete Nutzen wird mittels eines Nutzenversprechens je Kundensegment ausformuliert. Eine Differenzierung je Kundensegment ist notwendig, da unterschiedliche Bedürfnisse von Kunden adressiert werden (Haenecke und Laukamp 2006, S. 148). Ein Nutzenversprechen wird anhand folgender Kriterien formuliert (in Anlehnung an: Haenecke und Laukamp 2006, S. 159 f.; Homburg et al. 2010, S. 32; Meffert et al. 2012, S. 613):

- Kundenprobleme: Was sind Kundenprobleme und welche Kundenbedürfnisse entstehen daraus?
- Leistungen: Welche Leistungen dienen (bzw. welches Geschäftsmodell dient) der Befriedigung von Kundenbedürfnissen?
- Nutzen: Welcher Nutzen wird mit den Leistungen (bzw. mit dem Geschäftsmodell) gestiftet, bzw. welchen Vorteil erhält der Kunde durch die Leistungen (durch die Nutzung des Geschäftsmodells)?
- Belege: Womit wird der gestiftete Nutzen begründet, was sind also die Leistungsmerkmale des Geschäftsmodells?

Das Nutzenversprechen des Geschäftsmodells kann in einem Satz gegenüber Kundensegmenten formuliert werden (in Anlehnung an Haenecke und Laukamp 2006, S. 149):

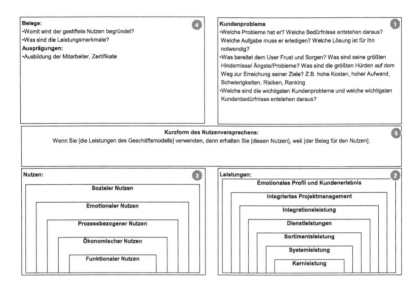

Abb. 7.7 Nutzenversprechen

Wenn Sie [die Leistungen des Geschäftsmodells] nutzen, dann erhalten Sie [diesen Nutzen], weil [der Beleg für den Nutzen].

Um die jeweiligen Nutzenversprechen zu formulieren, erfolgt die Integration der erhobenen Kundenbedürfnisse und der festgelegten Leistungen je Kundensegment. Als Ergebnis liegen die Nutzenversprechen je Kundensegment vor.

Template für Nutzenversprechen In Abb. 7.7 ist das Template für das Nutzenversprechen dargestellt.

7.2.3 Ausgestalten der Wertschöpfungsdimension

Die Konkretisierung der Wertschöpfungsdimension hat zum Ziel, die Wertschöpfungsdimension mit den Ressourcen, den Fähigkeiten und den Prozessen festzulegen; dies ist notwendig, um die Leistungen zu erstellen, den Nutzen zu erzeugen und das Geschäftsmodell zu betreiben (Bieger und Reinhold 2011, S. 32;

Johnson 2010, S. 133; Osterwalder et al. 2005, S. 10). Es fließen ebenfalls vorhandene Ergebnisse ein, und es werden allgemeine Formen für die Ressourcen, die Fähigkeiten und die Prozesse herangezogen.

Festlegen der notwendigen Ressourcen
Die Festlegung notwendiger Ressourcen ist notwendig, um die Leistungen zu erstellen, die Kundenkanäle bereitzustellen und die Kundenbeziehungen aufzubauen bzw. aufrechtzuerhalten. Die Ressourcen sind vielfältig und können, wie in Abb. 7.8 dargestellt, klassifiziert werden.

Im Rahmen der Entwicklung von Geschäftsmodellen werden die wichtigsten Ressourcen festgelegt; daneben wird entschieden, welche Ressourcen selbst und welche von Partnern bereitgestellt werden. Neben den Ressourcen, die in dem Prototyp enthalten sind, erfolgt auch die Anwendung der Leitfragen aus Abschn. 6.2.2, um notwendige Ressourcen des Geschäftsmodells festzulegen.

Festlegen der notwendigen Fähigkeiten
Um die Ressourcen zu kombinieren, die Leistungen zu erstellen, die Kundenkanäle zu bedienen und die Kundenbeziehungen aufzubauen bzw. aufrechtzuerhalten, sind Fähigkeiten notwendig (Bieger und Reinhold 2011, S. 38). In Abb. 7.9

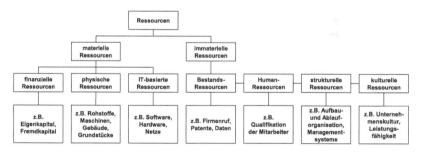

Abb. 7.8 Allgemeingültige Ressourcen (Müller-Stewens und Lechner 2011, S. 199)

Abb. 7.9 Allgemeingültige Fähigkeiten. (In Anlehnung an Voigt 2008, S. 95)

sind die allgemeingültigen Formen von Fähigkeiten enthalten.

Ausgehend von den festgelegten Kundenkanälen, Kundenbeziehungen und Leistungen erfolgt die Festlegung der notwendigen Fähigkeiten (analog zu Abb. 7.9).

Festlegen der notwendigen Prozesse

Neben den Ressourcen und den Fähigkeiten werden innerhalb der Wertschöpfungsdimension auch die Prozesse festgelegt. Diese sind zwar in den Fähigkeiten enthalten, erfordern aber im Rahmen der Entwicklung von Geschäftsmodellen eine gesonderte Betrachtung. Die von Porter (2008, S. 37–40) vorgeschlagene generische Wertkette dient dazu, einen ersten Überblick zu Geschäftsmodell-Prozessen zu bekommen. Porter unterscheidet hierbei in Leistungs- und Unterstützungsprozesse.

Eine weitere Unterscheidung von Prozessen liegt anhand folgender Kategorien vor (Brecht 2002, S. 36 f.; Krüger 1994, S. 124; Österle 1995, S. 130 f.):

• Leistungsprozesse: Leistungsprozesse tauschen Leistungen mit externen Kunden aus bzw. sind unmittelbar an der Wertschöpfung für Kunden beteiligt.
• Unterstützungsprozesse: Unterstützungsprozesse berücksichtigen den Aufbau und die Pflege von Ressourcen; sie unterstützen mit ihren Leistungen die Leistungsprozesse.
• Führungsprozesse: Führungsprozesse dienen der Planung, der Kontrolle und der Koordination; sie tauschen Leistungen mit den Leistungs- und Unterstützungsprozessen aus.

Im Rahmen der Festlegung von Prozessen in Geschäftsmodellen ist die Konzentration auf die wichtigsten Prozesse entscheidend. Zu den wichtigsten Prozessen gehören die Leistungsprozesse, da sich diese an Kunden ausrichten und direkt an der Wertschöpfung beteiligt sind (Brecht 2002, S. 36 f., 304).

Eine Ausrichtung von Prozessen an den Kunden erfolgt mittels der Leistungen der User Journey, die zuvor dargestellt wurden. Dabei werden die Leistungen, die Kunden bereitgestellt werden, in Prozessen gebündelt (Brecht 2002, S. 306; Muther 2001, S. 16 f.).

Somit liegen Leistungsprozesse vor, die als Basis für die Ableitung weiterer Prozesse (Führungs- und Unterstützungsprozesse) mittels eines Kontextdiagramms dienen. Ein Kontextdiagramm enthält jeweils einen Leistungsprozess mit dem dazugehörigen Kundenprozess (z. B. Anbahnung, Kauf). Kanten (Pfeile) repräsentieren die Leistungen, die zwischen den Prozessen ausgetauscht werden.

	Kernfrage: Welche Phasen (auch vor- und nachgelagert) sind aus Sicht des Users relevant, wenn er mit Ihnen Ihre Leistungen in Anspruch nimmt? Beispiel: Anbahnung, Evaluation, Kauf, After-Sales	
Phase		
Leistungs- prozesse	Kernfrage: Welche Prozesse erbringen die relevanten Leistungen für die Phasen des Users? Inkl. Erläuterung und Hauptleistungen. Beispiel: Marketing, Vertrieb	
Unterstü- Tzungs- prozesse	Kernfrage: Welche Prozesse erbringen Leistungen, um Leistungsprozesse zu unterstützen? Inkl. Erläuterung und Hauptleistungen. Beispiel: Logistik, Personalschulung	
Führungs- prozesse	Kernfrage: Welche Prozesse dienen der Führung von Leistungs- und Unterstützungsprozessen? Inkl. Erläuterung und Hauptleistungen. Beispiel: Vertriebsplanung, Vertriebssteuerung	

Abb. 7.10 Prozesssystem

Der Leistungsfluss orientiert sich somit nicht nur in eine Richtung, sondern kann beidseitig verlaufen (z. B. die Anfrage eines Kunden) (Österle 1995, S. 79).

Als Ergebnis liegt das Prozesssystem des Geschäftsmodells vor, das alle notwendigen Prozesse und deren Zusammenhang enthält.

Template für das Prozesssystem In Abb. 7.10 ist das Template für das Prozesssystem dargestellt.

7.2.4 Ausgestalten der Partnerdimension

Die Konkretisierung der Partnerdimension hat das Ziel, die Partnerdimension des Prototyps zu detaillieren. Dies erfolgt mittels der Beschreibung der Partner, der Partnerkanäle und der Partnerbeziehungen (Osterwalder et al. 2005, S. 10; Weiner und Weisbecker 2011, S. 28). Es fließen allgemeine Formen für die Partner, die Partnerkanäle und die Partnerbeziehungen ein.

Festlegen der Partner
Im Rahmen der Festlegung der Partner wird auf den Geschäftsmodell-Prototyp zurückgegriffen. Zunächst gilt es allerdings zu klären, welche Ressourcen, Fähigkeiten und Prozesse geeignet sind, um von Partnern bereitgestellt bzw. ausgeführt zu werden. Hierfür erfolgt die Bewertung notwendiger Ressourcen, Fähigkeiten

und Prozesse anhand folgender Kriterien/Fragen (in Anlehnung an Hofbauer und Hellwig 2009, S. 328 f.):

- Kapazität: Wie viele Kapazitäten sind für den Aufbau der Ressource/Fähigkeit bzw. für die Gestaltung und Durchführung des Prozesses notwendig?
- Qualität: Kann mit der Ressource/Fähigkeit bzw. dem Prozess ein angemessenes Qualitätsniveau erzielt werden?
- Kosten: Wie hoch sind die Kosten für den Aufbau der Ressource/Fähigkeit bzw. die Gestaltung und Durchführung des Prozesses?
- Zeit: Wie lange dauert der Aufbau der Ressource/Fähigkeit bzw. die Gestaltung und Durchführung des Prozesses?
- Risiko: Besteht bei der Ressource/Fähigkeit bzw. bei dem Prozess ein Risiko der Abhängigkeit von Partnern oder das Risiko, dass Wettbewerber Zugang zu Know-how bekommen?

Mittels dieser Bewertung von Ressourcen, Fähigkeiten und Prozessen ist es möglich, festzulegen, welche Ressourcen/Fähigkeiten von Partnern bereitgestellt bzw. welche Prozesse ausgeführt werden sollen. Für diese Ressourcen, Fähigkeiten und Prozesse müssen nun geeignete Partner gefunden werden, die analog zu den zuvor definierten Kriterien bewertet werden (siehe auch: Bieger und Reinhold 2011, S. 51).[5] Analog zu der vorgestellten Stakeholder-Landkarte, die alle relevanten Interessengruppen eines Unternehmens bzw. einer Industrie enthält, erfolgt nun die Erstellung eines Partnernetzwerks. Das Partnernetzwerk stellt alle relevanten Partner eines Geschäftsmodells und deren Beitrag zum Geschäftsmodell graphisch dar.[6] Im Partnernetzwerk werden die Partner (z. B. Bank A) konkret benannt, anstatt eine Kategorie (z. B. Finanzinstitute) aufzuzeigen. Als Ergebnis liegen die für das Geschäftsmodell relevanten Partner vor, die in einem Partnerverzeichnis und -netzwerk aufgeführt sind.

Template für das Partnerverzeichnis und -netzwerk In Abb. 7.11 ist das Template für das Partnerverzeichnis und -netzwerk dargestellt.

---

[5]Hierbei ist z. B. die Frage zu stellen, ob der jeweilige Partner über genügend Kapazitäten verfügt, um einen Prozess durchzuführen, oder wie hoch die Kosten sind, um einen Prozess von einem Partner durchführen zu lassen.

[6]Die Idee des Partnernetzwerks basiert auf dem Sektornetzwerk, welches wesentliche Marktteilnehmer und deren Leistungen in Beziehung zueinander setzt (Österle 1995, S. 66–72). Bieger und Reinhold bezeichnen das *Partnernetzwerk* als *Firmennetzwerk* (2011, S. 51).

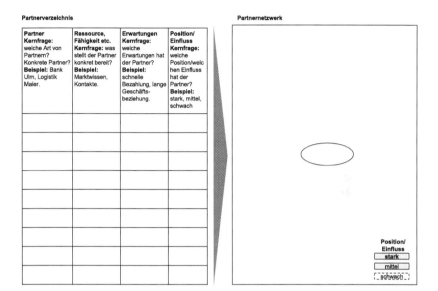

Abb. 7.11 Partnerverzeichnis und -netzwerk

Festlegen der Partnerkanäle je Partner
Die Festlegung der Partnerkanäle und deren Darstellung erfolgen analog zu der Festlegung von Kundenkanälen. Statt des Customer Buying Cycles erfolgt die Anwendung des Selling Cycles (Hofbauer und Hellwig 2009, S. 54–56), der den Verkaufsprozess aus der Partnersicht analysiert und geeignete Partnerkanäle ableitet. Die notwendigen Kunden- und Partnerkanäle können sich dabei überschneiden (z. B. gemeinsame Online-Plattform für Kunden und Partner). Die Darstellung der Partner und der dazugehören Partnerkanäle erfolgt einmal in graphischer und einmal in tabellarischer Form. Als Ergebnis liegen notwendige Kanäle je Partner vor.

Festlegen der Partnerbeziehung je Partner
Bei der Festlegung der Partnerbeziehungen wird analog zur Festlegung der Kundenbeziehungen vorgegangen. Die dabei aufgezeigten Formen der Kundenbindung sind auf die Partnerbindung bzw. die Partnerbeziehung übertragbar. Als Ergebnis liegen die Partnerbeziehungen je Partner vor.

7.2.5 Ausgestalten der Finanzdimension

Die Konkretisierung der Finanzdimension hat zum Ziel, die letzte der fünf Dimensionen anhand der Finanzdimension des Geschäftsmodell-Prototyps zu beschreiben. Die Finanzdimension umfasst Umsätze und Kosten (Johnson 2010, S. 132; Osterwalder et al. 2005, S. 10), die innerhalb der übrigen Geschäftsmodell-Dimensionen und -Elemente entstehen.

Festlegen der Umsatz- und Kostenstruktur
Die Umsatz- und Kostenstruktur wird von den bisher definierten Geschäftsmodell-Elementen beeinflusst. Die Geschäftsmodell-Elemente der Kunden- und Nutzendimension beeinflussen dabei hauptsächlich die Umsatzstruktur. Die Geschäftsmodell-Elemente der Wertschöpfungs- und Partnerdimension beeinflussen hauptsächlich die Kostenstruktur.

Des Weiteren liegen Fälle vor, in denen z. B. ein Geschäftsmodell-Element der Partnerdimension zu Umsätzen führt; dies liegt vor, wenn ein Partner eine Vermittlungsprovision bezahlt.

Bei der Erhebung der Umsatz- und Kostenstruktur sind zunächst die Kostenarten[7] (und nicht die Höhe der Kosten) entscheidend. Als Ergebnis liegt eine Auflistung aller Umsätze[8] und Kosten vor.

Festlegen der Umsatz- und Kostenmechanismen
Je nach Präferenz des Kundensegments und je nach Zielsetzung des eigenen Unternehmens lassen sich im Rahmen des Geschäftsmodells folgende Umsatzmechanismen einsetzen (Wirtz 2001, S. 215; Osterwalder 2004, S. 100; Zollenkop 2006, S. 78 und 82; Osterwalder und Pigneur 2010, S. 31):

- Verkauf von Produkten (z. B. PKW) und Dienstleistungen (z. B. Wartung, Reparatur)
- Erhebung einer Nutzungsgebühr für Produkte (z. B. Miete/Leasing) und Dienstleistungen (z. B. Zinsen für Finanzierung) sowie eine nutzungsabhängige Berechnung (z. B. Strecke, Dauer, Menge)

---

[7]Im Rahmen der Innovation von Geschäftsmodellen geht es um die Erfassung der Umsätze und Kosten, die hauptsächlich anfallen. An dieser Stelle sei auf folgende Literatur verwiesen, die sich mit der Kosten- und Leistungsrechnung befasst: Ebert (2004); Steger (2010); Moews (2002).

[8]Umsätze werden hauptsächlich durch die Zahlungsbereitschaft von Kunden beeinflusst; siehe hierzu: Abschn. 3.2.2

Umsatzmechanismen Wie können Umsätze erzielt werden?	Umsätze Womit können Umsätze erzielt werden?	Kostenmechanismen Wie können Kosten beglichen werden?	Kosten Welche Kosten entstehen?

Abb. 7.12 Umsätze und Kosten mit Mechanismen

- Erhebung einer Registrierungsgebühr/Grundgebühr für Nutzungsrechte (z. B. Mobiltelefon)
- Erhebung von Lizenzgebühren für Nutzungsrechte (z. B. Franchisegebühren)
- Erhebung von Provisionen für Vermittlungen (z. B. Maklergebühren).

Die dargestellten Umsatzmechanismen gelten analog für Kostenmechanismen (z. B. Zahlung von Nutzungsgebühren), die mit Partnern auszuarbeiten sind. Als Ergebnis liegt eine Zuordnung der Umsätze und Kosten zu Mechanismen vor. Je Umsatz- bzw. je Kostenart können parallel unterschiedliche Mechanismen erarbeitet werden, da z. B. die Präferenzen je Kundensegment variieren.

Template für Umsätze und Kosten mit Mechanismen In Abb. 7.12 ist das Template für Umsätze und Kosten mit Mechanismen dargestellt.

7.3 „Geschäftsmodell-Pitch-Entwicklung": Geschäftsmodell überzeugend darstellen

In diesem Kapitel erfolgt die Entwicklung eines Business Model Pitchs, um das entwickelte Geschäftsmodell gegenüber Stakeholdern und Investoren erfolgreich zu kommunizieren. Die Entwicklung des Pitchs erfolgt auf Basis der bisherigen

Ergebnisse und anhand eines Rasters. Der Pitch beinhaltet die Zielgruppe, den Haken, das Problem und den konkreten Vorteil für die jeweilige Zielgruppe.

7.3.1 Zielsetzung und Fragen

Das Ziel innerhalb dieser Phase ist die Entwicklung eines Business Model Pitchs, um das erarbeitete Geschäftsmodell gegenüber Stakeholdern und Investoren überzeugend darzustellen. Hierfür werden alle bisherigen Ergebnisse genutzt.

Die Phase „Geschäftsmodell-Pitch-Entwicklung" beantwortet folgende Fragen:

- Welche Schritte liegen vor, um einen Business Model Pitch strukturiert zu entwickeln?
- Welche Bestandteile hat ein Business Model Pitch?
- Wie kann der Business Model Pitch getestet werden, um darauf aufbauend Anpassungen vorzunehmen?

7.3.2 Aktivitäten und Instrumente

Innerhalb der Aktivitäten werden Instrumente eingesetzt, die dazu dienen, notwendige Ergebnisse zu erarbeiten.

Integrieren bisheriger Ergebnisse
Um einen Business Model Pitch zu entwickeln, werden die bisher erarbeiteten Ergebnisse berücksichtigt und integriert. Hierbei kann z. B. auf das Nutzenversprechen zurückgegriffen werden, dass zwar für Kunden bzw. User erstellt wurde, allerdings auch Aspekte beinhaltet, die für Stakeholder und Investoren von Interesse sind.

Im Rahmen des Business Model Pitchs wird die Idee während einer kurzen Dauer (2–5 min; üblicherweise eine Aufzugsfahrt) so präsentiert, dass die Neugier eines möglichen Investors geweckt wird. Ein Business Model Pitch ist ein vorbereiteter und eingeübter Text, der es ermöglicht, in kürzester Zeit auf den Punkt zu bringen, worin die Leistung und der Nutzen des Business Models bestehen. Das konkrete Ziel ist dabei, Interesse und Neugier zu wecken und einen Termin für eine ausführliche Präsentation zu erhalten (Jobs 2020, Gründerszene 2020; Für Gründer 2020; Marketinginstitut 2020; Meyer und Schlotthauer 2009, S. 67 ff.).

Schritte und Tipps zur Entwicklung des Pitchs Nachfolgend sind einige Schritte und Tipps aufgezeigt, die im Rahmen der Entwicklung eines Business Model Pitchs relevant sind (Jobs 2020 und in Anlehnung an: Gründerszene 2020; Für Gründer 2020; Marketinginstitut 2020; Meyer und Schlotthauer 2009, S. 67 ff.). Schritt 1: Klären Sie Ihre Zielgruppe:

- Wen möchten Sie erreichen: Investoren, Kunden, Partner, Kollegen?
- Versetzen Sie sich in die Lage Ihres Zuhörers: was spricht ihn an und interessiert ihn am meisten?

Schritt 2: Finden Sie einen Haken:

- Steigen Sie mit einer Frage ein: finden Sie ein Bild, eine Metapher oder ein Beispiel.
- Setzen Sie ebenso eine ungewöhnliche Geschichte oder eine überraschende Information ein.

Schritt 3: Sprechen Sie klar und einfach:

- Verwenden Sie keine Fremdwörter, keine abstrakten Formulierungen, keine Abkürzungen oder Fachbegriffe.
- Sprechen Sie in Bildern: dadurch verankern Sie Ihre Inhalte emotional besser im Gehirn Ihres Zuhörers.

Schritt 4: Klären Sie, welches Problem Sie wirklich lösen:

- Niemand ist an Produkten, Dienstleistungen oder Methoden interessiert.
- Erklären Sie anschaulich, welches konkrete Problem Ihres Zuhörers Sie lösen.

Schritt 5: Finden Sie Ihre Alleinstellung:

- Bieten Sie überzeugende Antworten auf die Frage, weshalb Ihr Zuhörer sich für Ihr Business Model begeistern soll.
- Geben Sie keine Aufzählung von Argumenten, sondern einen ganz konkreten Vorteil.

Schritt 6: Führen Sie einen Dialog.

- Benutzen Sie rhetorische Fragen.

Unsere **Zielgruppe** und was sie am meisten interessiert	
Der **Haken** (Frage, Bild, Metapher, Beispiel, Geschichte)	
Das **Problem**, das wir für die Zielgruppe lösen	
Was wir anders machen (**konkreter Vorteil**)	

Abb. 7.13 Business Model Pitch

- Sprechen Sie kein Schriftdeutsch, sondern sprechen Sie wie mit Ihren Eltern.
- Üben Sie, denn Übung macht den Meister.

Entwickeln des Geschäftsmodell-Pitchs

Sofern die o.g. Schritte durchgeführt wurden und die bisherigen Ergebnisse berücksichtigt wurden, kann nun der Business Model Pitch entwickelt werden.

Template für den Business Model Pitch In Abb. 7.13 ist das Template für den Business Model Pitch dargestellt (in Anlehnung an: Meyer und Schlotthauer 2009, S. 86 f.).

Test und Anpassen des Geschäftsmodell-Pitchs

Analog zum Test des Geschäftsmodell-Prototyps wird auch der Geschäftsmodell-Pitch getestet und angepasst. Somit ist es möglich, den Geschäftsmodell-Pitch auf die Zielgruppe auszurichten und bei Bedarf unterschiedliche Varianten eines Geschäftsmodell-Pitchs zu erstellen.

7.4   Zusammenfassung in einem Vorgehensmodell

In Abb. 7.14 sind die zuvor beschriebenen Phasen der Roadmap innerhalb eines Vorgehensmodells zusammengefasst. Dabei sind Ziele, Aktivitäten und Ergebnisse beschrieben.

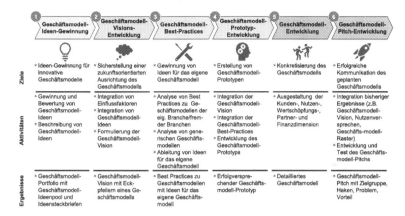

Abb. 7.14 Vorgehensmodell für Business Model Development

Das Vorgehensmodell verfolgt das Ziel, auf eine strukturierte Weise ein Geschäftsmodell zu entwickeln. Neben der Anwendung des gesamten Vorgehensmodells besteht die Möglichkeit, das Vorgehensmodell anzupassen, indem einzelne Phasen und Aktivitäten zusammengefasst bzw. übersprungen werden.

Zusammenfassung 8

Das *essential* hat in Kapitel zwei die sechs Phasen für Business Model Development aufgezeigt. Zu den Phasen gehören: 1) Geschäftsmodell-Ideen-Gewinnung, 2) Geschäftsmodell-Visions-Entwicklung, 3) Geschäftsmodell-Best-Practices, 4) Geschäftsmodell-Prototyp-Entwicklung, 5) Geschäftsmodell-Entwicklung und 6) Geschäftsmodell-Pitch-Entwicklung. Anschließend wurde die Roadmap für Business Model Development aufgezeigt.

In Kapitel drei erfolgte die Erläuterung, wie auf Basis von unterschiedlichen Quellen Ideen für neue und innovative Geschäftsmodelle abgeleitet werden können. Es wurde auch dargestellt, wie die gewonnenen Ideen anhand eines Rasters bewertet und anhand eines Geschäftsmodell-Ideen-Steckbriefs beschrieben werden.

Das vierte Kapitel hat aufgezeigt, wie die gewonnenen Geschäftsmodell-Ideen dazu genutzt werden können, um eine Geschäftsmodell-Vision zu entwickeln. Zusätzlich wurde skizziert, wie Kundenanforderungen in die Geschäftsmodell-Vision integriert und zukünftige Entwicklungen sowie Technologien berücksichtigt werden können. Die Geschäftsmodell-Vision sagt aus, welche Eckpfeiler das ideale Geschäftsmodell in einer Industrie in den nächsten drei bis fünf Jahren charakterisieren.

Im fünften Kapitel erfolgte die Erläuterung, wie Best Practices aus der eigenen und aus fremden Branchen erhoben und analysiert werden, um Ideen für die Ausgestaltung einzelner Geschäftsmodell-Elemente zu gewinnen. Zusätzlich erfolgte die Darstellung generischer Geschäftsmodelle, um ebenfalls Ideen für das eigene Geschäftsmodell abzuleiten.

Innerhalb des sechsten Kapitels wurde die Entwicklung des Geschäftsmodell-Prototyps aufgezeigt. Der Geschäftsmodell-Prototyp wird anhand von fünf Dimensionen und dazugehörigen Elementen beschrieben. Die fünf Dimensionen

R. A. D. Schallmo, *Erfolgreiches Business Model Development für Gründungen*, essentials, https://doi.org/10.1007/978-3-658-32140-6_8

sind: Kundendimension, Nutzendimension, Wertschöpfungsdimension, Partnerdimension und Finanzdimension.

Das siebte Kapitel stellte das umfangreichste Kapitel dar, da hier der Geschäftsmodell-Prototyp konkretisiert wurde. Hierbei wurde aufgezeigt, wie die jeweiligen Geschäftsmodell-Dimensionen und -Elemente mittels Techniken und Templates detailliert ausgestaltet werden.

Im achten Kapitel erfolgte die Darstellung zur Entwicklung eines Business Model Pitchs, um das entwickelte Geschäftsmodell gegenüber Stakeholdern und Investoren erfolgreich zu kommunizieren. Die Entwicklung des Pitchs erfolgte auf Basis der bisherigen Ergebnisse und anhand eines Rasters mit der Zielgruppe, dem Haken, dem Problem und dem konkreten Vorteil für die jeweilige Zielgruppe.

Die Phasen der Roadmap wurden mit ihrer jeweiligen Zielsetzung und den relevanten Fragen erläutert. Anschließend wurden die Aktivitäten jeweils mit den dazugehörigen Instrumenten aufgezeigt. Das vorgestellte Vorgehensmodell fasst alle Phasen der Roadmap zusammen und enthält Ziele, Aktivitäten und Ergebnisse.

Die Roadmap und das Vorgehensmodell für Business Model Development basiert auf bestehenden Ansätzen und den Erfahrungen, die im Rahmen von Gründungsvorhaben, sowie Beratungs- und Forschungsprojekten gewonnen wurden.

Was Sie aus diesem *essential* mitnehmen können

- Unterstützung für die Entwicklung Ihres Geschäftsmodells durch den Einsatz einer kompakten Roadmap mit sechs Phasen
- Praxistaugliche Aktivitäten und Instrumente je Phase, die durch Templates ergänzt sind.
- Quellen und Vorgehensweise, um geeignete Ideen abzuleiten in der ersten Phase „Geschäftsmodell-Ideen-Gewinnung"
- Die langfristige Orientierung definieren in der zweiten Phase „Geschäftsmodell-Visions-Entwicklung"
- Inspirationen für das eigene Geschäftsmodell gewinnen in der dritten Phase „Geschäftsmodell-Best-Practices"
- Das Geschäftsmodell-Raster aufbauen in der vierten Phase „Geschäftsmodell-Prototyp-Entwicklung"
- Das Geschäftsmodell im Detail ausprägen in der fünften Phase „Geschäftsmodell-Entwicklung"
- Das Geschäftsmodell überzeugend darstellen in der sechsten Phase „Geschäftsmodell-Pitch-Entwicklung"

Literatur

AIT. (2020). https://www.ait.ac.at/themen/. Zugegriffen: 14. Aug. 2020.

Belz, C. (1997). Leistungssysteme. In C. Belz (Hrsg.), *Leistungs- und Kundensysteme* (S. 12–39). Thexis: St. Gallen.

Belz, C., & Bieger, T. (2006). *Customer-Value: Kundenvorteile schaffen Unternehmensvorteile.* München: mi Wirtschaftsbuch Verlag.

Belz, C., Müllner, M., & Zupancic, D. (2008). *Spitzenleistungen im Key-Account-Management: das St. Galler KAM-Konzept.* München: mi Wirtschaftsbuch Verlag.

Bieger, T., & Reinhold, S. (2011). Das wertbasierte Geschäftsmodell – ein aktualisierter Strukturansatz. In T. Bieger, D. zu Knyphausen-Aufseß, & C. Krys (Hrsg.), *Innovative Geschäftsmodelle: Konzeptionelle Grundlagen, Gestaltungsfelder und unternehmerische Praxis* (S. 11–70). Berlin: Springer.

BMWi. (2020). https://www.bmwi.de/Navigation/DE/Themen/themen.html?cl2Catego ries_LeadKeyword=schluesseltechnologien. Zugegriffen: 14. Aug. 2020.

Brecht, L. (2002). *Process Leadership: Methode des informationssystemgestützten Prozessmanagement.* Hamburg: Kovac.

Brunner, F. (2008). *Japanische Erfolgskonzepte: KAIZEN, KVP, Lean Production Management, Total Productive Maintenance, Shopfloor Management, Toyota Production Management.* München: Hanser.

Bucherer, E. (2010). *Business model innovation: guidelines for a structured approach.* Aachen: Shaker.

Chesbrough, H., & Rosenbloom, R. (2002). The role of the business model in capturing value from innovation: evidence from Xerox Corporation´s technology spin-off companies. *Ind Corp Change, 11*(3), 529–555.

Cornelsen, J. (1996). *Kundenwert. Begriff und Bestimmungsfaktoren.* Nürnberg: Universität Erlangen-Nürnberg.

Curedale, R. (2013). *Design Thinking – process and methods manual.* Topanga: Design Community College.

d.school. (2010). B*ootcamp Bootleg.* Hasso Plattner Institute of Design at Stanford.

Davenport, T., Leibold, M., & Voelpel, S. (2006). *Strategic management in the innovation economy: strategy approaches and tools for dynamic innovation capabilities.* Weinheim: Wiley VCH.

Dehr, G. (1997). Suchfeldanalyse und Punktbewertungsverfahren als Entscheidungs-kriterien innovativer Produktpolitik. In G. Dehr (Hrsg.), *Innovation mit System: Erneuerungsstrategien für mittelständische Unternehmen* (S. 125–135). Berlin: Springer.

Deinlein, J. (2003). *Tragfähigkeit von Geschäftsmodellen der New Economy: Das Beispiel elektronische B-to-B-Märkte.* Wiesbaden: DUV.

Denning, S. (2018). *The age of agile: how smart companies are transforming the way work gets done.* New York: AMACOM.

Dönitz, E. (2009). *Effizientere Szenariotechnik durch teilautomatische Generierung von Konsistenzmatrizen.* Wiesbaden: Gabler.

DPMA. (2020). https://register.dpma.de/DPMAregister/Uebersicht. Zugegriffen: 14. Aug. 2020.

Ebert, G. (2004). *Kosten- und Leistungsrechnung: Mit einem ausführlichen Fallbeispiel.* Wiesbaden: Gabler.

Forrester. (2020). https://www.forrester.com/home#/aboutus. Zugegriffen: 14. Aug. 2020.

Fraunhofer. (2020a). https://www.iao.fraunhofer.de/lang-de/geschaeftsfelder/tim.html. Zugegriffen: 14. Aug. 2020.

Fraunhofer. (2020b). https://www.iao.fraunhofer.de/lang-de/presse-und-medien/aktuelles/339-white-spot-analysen.html. Zugegriffen: 14. Aug. 2020.

Für Gründer. (2020). https://www.fuer-gruender.de/kapital/eigenkapital/elevator-pitch/. Zugegriffen: 14. Aug. 2020.

Garcia, A., & Rennhak, C. (2006). Kundenbindung – Grundlagen und Begrifflichkeiten. In C. Rennhak (Hrsg.), *Herausforderung Kundenbindung* (S. 3–14). Wiesbaden: DUV.

Gartner. (2020). https://www.gartner.com/. Zugegriffen: 14. Aug. 2020.

Gassmann, O., Frankenberger, K., & Csik, M. (2017). *Geschäftsmodelle entwickeln: 55 innovative Konzepte mit dem St. Galler Business Model Navigator* (2. Aufl.). München: Hanser.

Gausemeier, J., Plass, C., & Wenzelmann, C. (2009). *Zukunftsorientierte Unternehmensge-staltung: Strategien, Geschäftsprozesse und IT-Systeme für die Produktion von morgen.* München: Hanser.

Gelbmann, U., & Vorbach, S. (2007). Strategisches Innovationsmanagement. In H. Strebel (Hrsg.), *Innovations- und Technologiemanagement* (S. 157–211). Stuttgart: UTB.

Gerpott, T. (2005). *Strategisches Technologie- und Innovationsmanagement.* Stuttgart: Schäffer-Poeschel.

Gerybadze, A. (2004). *Technologie- und Innovationsmanagement: Strategie, Organisation und Implementierung.* München: Vahlen.

Giesen, E., Berman, S., Bell, R., & Blitz, A. (2007). Three ways to successfully innovate your business model. *Strat Leader, 35*(6), 27–33.

Grasl, O. (2009). *Professional Service Firms: Business Model Analysis – Method and Case Studies.* Dissertation, Sipplingen.

Gray, D., Brown, S., & Macanufo, J. (2010). *Gamestorming: a playbook for innovators, rulebreakers, and changemakers.* Sebastopol: O'Reilly and Associates.

Gruber, M. (2005). *Marketingplanung von Unternehmensgründungen: eine theoretische und empirische Analyse.* Wiesbaden: Gabler.

Gründerszene. (2020). https://www.gruenderszene.de/lexikon/begriffe/elevator-pitch. Zugegriffen: 14. Aug. 2020.

Günter, B., & Helm, S. (2006). *Kundenwert: Grundlagen – Innovative Konzepte – Praktische Umsetzungen*. Wiesbaden: Gabler.

Haenecke, H., & Laukamp, G. (2006). Entwicklung und Test von Nutzenversprechen. In C. Zerres & M. Zerres (Hrsg.), *Handbuch Marketing-Controlling* (S. 145–164). Berlin: Springer.

Herrmann, A., & Huber, F. (2008). *Produktmanagement: Grundlagen, Methoden, Beispiele*. Wiesbaden: Gabler.

Hofbauer, G., & Hellwig, C. (2009). *Professionelles Vertriebsmanagement: Der prozessorientierte Ansatz aus Anbieter- und Beschaffersicht*. Weinheim: Wiley VCH.

Homburg, C. (2000). *Quantitative Betriebswirtschaftslehre: Entscheidungsunterstützung durch Modelle. Mit Beispielen, Übungsaufgaben und Lösungen*. Wiesbaden: Gabler.

Homburg, C., Schäfer, H., & Schneider, J. (2010). *Sales excellence: Vertriebsmanagement mit System*. Wiesbaden: Gabler.

Homburg, C., & Jensen, O. (2004). Kundenbindung im Industriegütergeschäft. In K. Backhaus & M. Voeth (Hrsg.), *Handbuch Industriegütermarketing* (S. 481–519). Wiesbaden: Gabler.

Homburg, C., & Krohmer, H. (2006). *Marketingmanagement. Studienausgabe: Strategie – Instrumente – Umsetzung – Unternehmensführung*. Wiesbaden: Gabler.

Ideo. (2020). https://www.ideo.com/de/. Zugegriffen: 14. Aug. 2020.

Jobs. (2020). https://tipps.jobs.de/der-elevator-pitch-erfolg/. Zugegriffen: 14. Aug. 2020.

Johnson, M. (2010). *Seizing the white space: business model innovation for growth and renewal*. Boston: Harvard Business Press.

Johnson, G., Scholes, K., & Whittington, R. (2006). *Exploring corporate strategy. Financial Times*. London: Prentice Hall.

Kagermann, H., & Österle, H. (2007). *Geschäftsmodelle 2010: Wie CEOs Unternehmen transformieren*. Frankfurt a. M.: Frankfurter Allgemeine Buch.

KfW. (2020). KfW-Gründungsmonitor 2020 – Gründungstätigkeit in Deutschland 2019: erster Anstieg seit 5 Jahren – 2020 im Schatten der Corona-Pandemie. https://www.kfw.de/PDF/Download-Center/Konzernthemen/Research/PDF-Dokumente-Gr%C3%BCndungsmonitor/KfW-Gruendungsmonitor-2020.pdf. Zugegriffen: 14. Aug. 2020.

Kim, W., & Mauborgne, R. (2005). *Blue ocean strategy: how to create uncontested market space and make the competition irrelevant*. Boston: Harvard Business Press.

Kobler, D. (2005). *Innovative Geschäftsmodelle: Entwicklung und Gestaltung innovativer Geschäftsmodelle für Schweizer Versicherungsunternehmen im Privatkundensegment*. Mering: Hampp.

Krüger, W. (1994). *Organisation der Unternehmung*. Stuttgart: Kohlhammer.

Landwehr, S. (2005). *Know-how-Management bei der Gründung innovativer Unternehmen*. Wiesbaden: DUV.

Marketinginstitut. (2020). https://www.marketinginstitut.biz/blog/elevator-pitch/. Zugegriffen: 14. Aug. 2020.

Meffert, H., Burmann, C., & Kirchgeorg, M. (2012). *Marketing: Grundlagen marktorientierter Unternehmensführung. Konzepte – Instrumente – Praxisbeispiele*. Wiesbaden: Gabler.

Meyer, M., & Schlotthauer, T. (2009). *Elevator Pitching: Erfolgreich akquirieren in 30 Sekunden*. Wiesbaden: Gabler.

Micic, P. (2006). *Das ZukunftsRadar: Die wichtigsten Trends, Technologien und Themen für die Zukunft*. Offenbach: Gabal.

MIT. (2020). https://www.technologyreview.com/magazines/10-emerging-technologies-that-will-change-the-world/. Zugegriffen: 14. Aug. 2020.

Mitchell, D., & Coles, C. (2003). The ultimate competitive advantage of continuing business model innovation. *J Bus Strat, 25*(1), 16–26.

Moews, D. (2002). *Kosten- und Leistungsrechnung*. München: Oldenbourg.

Müller-Stewens, G., & Lechner, C. (2011). *Strategisches Management: Wie strategische Initiativen zum Wandel führen*. Stuttgart: Schäffer-Poeschel.

Muther, A. (2001). *Electronic Customer Care: Die Anbieter-Kunden-Beziehung im Informationszeitalter*. Berlin: Springer.

Österle, H. (1995). *Business Engineering. Prozeß- und Systementwicklung*. Berlin: Springer.

Osterwalder, A. (2004). *The business model ontology – a proposition in a design science approach*. Dissertation, Universität Lausanne.

Osterwalder, A., Pigneur, Y., & Tucci, C. (2005). Clarifying business models: origins, present and future of the concept. *Communications of the Association for Information Science (CAIS), 15*, 751–775.

Osterwalder, A., & Pigneur, Y. (2010). *Business model generation*. New Jersey: Wiley.

Oxford College of Marketing. (2016). https://blog.oxfordcollegeofmarketing.com/2016/06/30/pestel-analysis/. Zugegriffen: 14. Aug. 2020.

Plattner, H., Meinel, C., & Weinberg, U. (2009). *Design thinking. Innovation lernen, Ideenwelten öffnen*. München: Finanzbuch Verlag.

Porter, M. (1980). *Competitive strategy. techniques for analyzing industries and competitors*. New York: Free Press.

Porter, M. (2008). *On competition*. Boston: Harvard Business Press.

Reichold, A. (2006). *Prozesse des Analytischen CRM: Fallbeispiele aus der Finanzdienstleistungsbranche, Architekturvorschlag und Methodenelemente*. Universität St. Gallen.

Renault. (2020). https://easyelectriclife.groupe.renault.com/de/im-alltag/die-batterie-kauf-oder-miete/. Zugegriffen: 14. Aug. 2020.

Schallmo, D. (2013). *Geschäftsmodelle erfolgreich entwickeln und implementieren*. Wiesbaden: Springer.

Schallmo, D. (2018). *Geschäftsmodelle erfolgreich entwickeln und implementieren: Mit Aufgaben, Kontrollfragen und Templates* (2. Aufl.). Kindle Ausgabe.

Schallmo, D., Brecht, L. (2011). *An innovative business model: the sustainability provider*. Proceedings of the XXII ISPIM Conference: "Sustainability in Innovation: Innovation Management Challenges", 12.–15. Juni 2011, Hamburg.

Siemens. (2020). https://new.siemens.com/global/de/unternehmen/stories/home.html#Forschung. Zugegriffen: 14. Aug. 2020.

Slywotzky, A., & Morrison, D. (1997). *Die Gewinnzone*. München: mi Wirtschaftsbuch Verlag.

Steger, J. (2010). *Kosten- und Leistungsrechnung*. München: Oldenbourg.

Steiner, G. (2007). Kreativitätsmanagement: Durch Kreativität zur Innovation. In H. Strebel (Hrsg.), *Innovations- und Technologiemanagement* (S. 267–326). Stuttgart: UTB.

Strasser, M. (2009). *Was ist ein Kunde wert? Customer Lifetime Value als Methode zur Kundenbewertung.* Wien: Facultas.

Stummer, C., Günther, M., & Köck, A. (2008). *Grundzüge des Innovations- und Technologiemanagements.* Wien: Facultas.

Trendone. (2020). https://www.trendexplorer.com/en/. Zugegriffen: 14. Aug. 2020.

Vahs, D., & Burmester, R. (2005). *Innovationsmanagement.* Stuttgart: Schäffer-Poeschel.

Voigt, K. (2008). *Industrielles Management: Industriebetriebslehre aus prozessorientierter Sicht.* Berlin: Springer.

Weiner, N., & Weisbecker, A. (2011). *A business model framework for the design and evaluation of business models in the internet of services.* SRII Global Conference (SRII). 29.03.2011–02.04.2011, San Jose, USA, S. 21–33.

Wentz, R. (2008). *Die Innovationsmaschine: Wie die weltbesten Unternehmen Innovationen managen.* Berlin: Springer.

Wilms, F. (2006). *Szenariotechnik: vom Umgang mit der Zukunft.* Bern: Haupt.

Wirtz, B. (2001). *Electronic business.* Wiesbaden: Gabler.

Wirtz, B. (2010). *Business model management.* Wiesbaden: Gabler.

Worthington, I., & Britton, C. (2009). *Business environment.* Essex: Pearson Education.

Zollenkop, M. (2006). *Geschäftsmodellinnovation: Initiierung eines systematischen Innovationsmanagements für Geschäftsmodelle auf Basis lebenszyklusorientierter Frühaufklärung.* Wiesbaden: Gabler.

Z-Punkt. (2020). https://www.z-punkt.de/themen/artikel/megatrends/. Zugegriffen: 14. Aug. 2020.

Zukunftsinstitut. (2020). https://www.zukunftsinstitut.de/dossier/megatrends/. Zugegriffen: 14. Aug. 2020.

Zukunftsstark. (2020). www.zukunftsstark.org/megatrends/. Zugegriffen: 14. Aug. 2020.

Printed in the United States
by Baker & Taylor Publisher Services